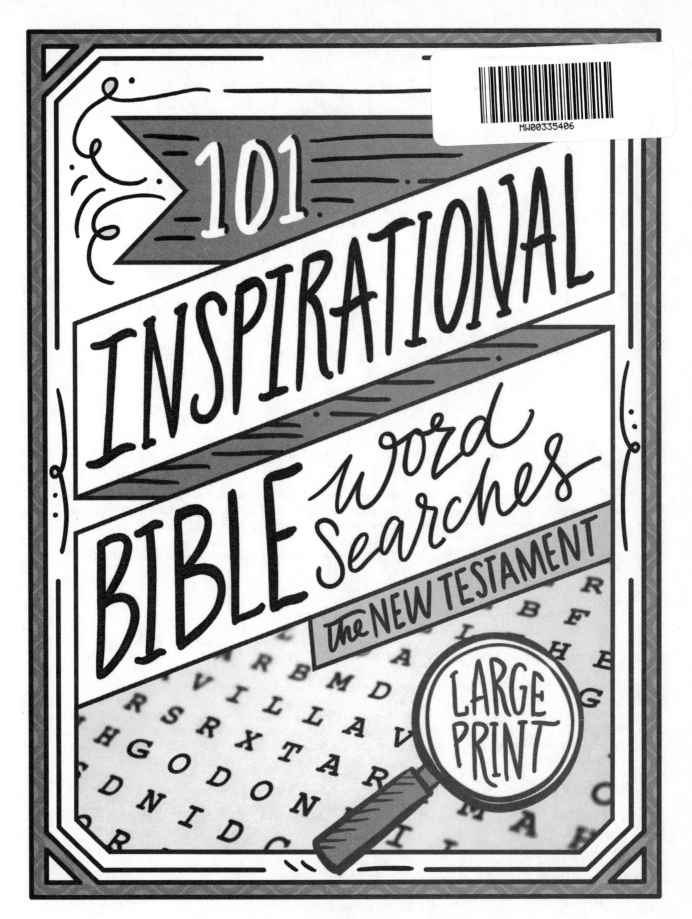

101 INSPIRATIONAL BIBLE Word Searches

the NEW TESTAMENT

LARGE PRINT

THOMAS NELSON®
Since 1798

Published in Nashville, Tennessee, by Thomas Nelson. Thomas Nelson is a registered trademark of HarperCollins Christian Publishing, Inc.

Thomas Nelson titles may be purchased in bulk for educational, business, fund-raising, or sales promotional use. For information, please e-mail SpecialMarkets@ThomasNelson.com.

Unless otherwise noted, Scripture quotations are taken from the New King James Version®. © 1982 by Thomas Nelson. Used by permission. All rights reserved.

Scripture quotations marked KJV are from the King James Version. Public domain.

Scripture quotations marked NIV are from the Holy Bible, New International Version®, NIV®. Copyright © 1973, 1978, 1984, 2011 by Biblica, Inc.® Used by permission of Zondervan. All rights reserved worldwide. www.Zondervan.com. The "NIV" and "New International Version" are trademarks registered in the United States Patent and Trademark Office by Biblica, Inc.®

ISBN 978-0-7852-3858-4

Puzzles created with assistance from www.CreateWordSearchPuzzle.com.

Cover design and artwork by Kate Armstrong

Interior design by Denise Froehlich

Printed in the United States of America

21 22 23 24 LSC 10 9 8 7 6 5 4 3 2

Contents

*W*ord searches have long been a favorite pastime for people of all ages. And with a positive, Bible-based set of topics and search words, *101 Inspirational Bible Word Searches: The New Testament* provides wholesome, family-friendly entertainment that can be spiritually uplifting as well.

The search words in this book can be found up, down, backward, forward, and diagonally, bringing challenging and long-lasting word-hunt fun. Some puzzles feature a list of words to search from, while others feature a selection of Bible verses with the search words clearly differentiated in capital letters and bolder type. Every puzzle includes verse references for those who want to explore deeper into the Scripture. A convenient answer key is also available in the back of the book.

So whether you know the Bible inside and out or are just learning, *101 Inspirational Bible Word Searches: The New Testament* gives you a great way to relax, unwind, and practice your word search skills. Are you ready to get going? Just turn the page!

The Gospels

Then Jesus went about all the cities and villages, teaching in their synagogues, preaching the gospel of the kingdom, and healing every sickness and every disease among the people.

MATTHEW 9:35

MATTHEW	PARABLES	CROSS
MARK	SALVATION	COMMANDMENT
LUKE	CRUCIFIXION	BEATITUDES
JOHN	RESURRECTION	TEACHING
SCRIPTURES	DISCIPLES	FAITH
GOOD NEWS	APOSTLES	GRACE
INCARNATION	PHARISEES	KINGDOM
JESUS CHRIST	SADDUCEES	TRUTH
DEITY NIV	BAPTISM	CHRISTIANS
KING	TEMPTATION	
MIRACLES	ROMANS	

```
N P K Q D C F D R B J M E W S E R U T P I R C S K Y Q G
K L R E U M F S J H A C Q Y K G J H Q U T Q F G Q Q K P
G R A T I I E R E H J R S B U E S G L H S G J C Y N E G
O Z M Y Q R M E B E T S J O S B O F K A I M D G S S R Y
O F I K E A N S K I S I Y W N Q V K H X R S I N E R T H
D X A R F C L U R R F I W F F J H O X X H I K I E U P C
N S K T L L A R B E D X R L R D Y K S A C T F K C Q E R
E V R D L E T R R E J G M A J N N E J Q S P O M U F G F
W K N N S K E N C K V N R H G L F C Y U A T J D O Y A
S T V Q W Q N C X D S H R N A P J Y T S S B H H D D U B
G N T M S T C T H L P G Y E I M F I M E E I S P A W S L
M O D G N I K I J O H N J C J C E B A D J R W G S T L G
R O M A N S T O X S E C S A D D E V K U P R D A V A T M
W Q N R F B Q N V F Q I L R R C F B Q T E E K U L A A F
T O L H G P K B H V D Q G G B F Y G N I H C A E T T X Y
E P G S A I N C A R N A T I O N R J W T X K Q L T S F N
M B X S A P T R U T H L H U J Z H S E A S R E H Y R G S
P E F L E J C O M M A N D M E N T E K E A N E F O J U X
T X H S A L V A T I O N S S O R C L C B I W P H B O M P
A K F I L U B X Q R Y V K S O A B T Q N Y C G R F O Y I
T V Q J N R F A I T H N Q C H R I S T I A N S F N T G B
I Y E O N V J Y R N F R C G Y T N O I X I F I C U R C B
O M G W F P I C X A G H E G H S M P B F T O N Q M R V U
N O K D D C O X L P E X P O P R A V F I G R C Q U R Q
```

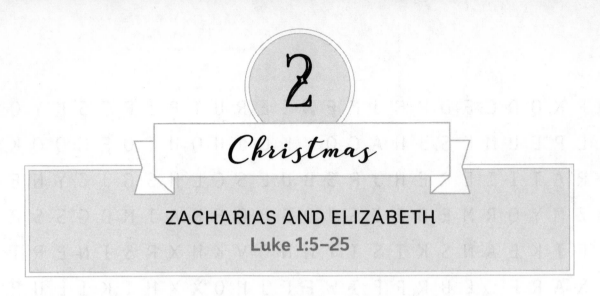

2

Christmas

ZACHARIAS AND ELIZABETH
Luke 1:5–25

But the angel said to him, "Do not be afraid, Zacharias, for your prayer is heard; and your wife Elizabeth will bear you a son, and you shall call his name John. And you will have joy and gladness, and many will rejoice at his birth. For he will be great in the sight of the Lord, and shall drink neither wine nor strong drink. He will also be filled with the Holy Spirit, even from his mother's womb.

Luke 1:13–15

ZACHARIAS	APPEARED	PEOPLE
PRIEST	TROUBLED	GABRIEL
ELIZABETH	PRAYER	PRESENCE OF GOD
RIGHTEOUS	HEARD	GLAD TIDINGS
BLAMELESS	SON	MUTE
BARREN	JOHN	LINGERED
ADVANCED	JOY	TEMPLE
ORDER	GLADNESS	VISION
DIVISION	WINE	BECKONED
PRIESTHOOD	STRONG DRINK	SPEECHLESS
BURN	SPIRIT	CONCEIVED
INCENSE	POWER	FIVE MONTHS
ALTAR	ELIJAH	
ANGEL OF THE LORD	MAKE READY	

```
X B O P R T B N T M R M U A F C O N C E I V E D Q T K S
H F H T O A I F U T O G N G O S W D C N F V Q O B K K W
V R B S I I S N T Y M I M U I S B G K I E Y L H F F Y Q
H R Z P U R K N I R D G N O R T S L W W S D G T W Q E P
E D A M A O I A L P R E S E N C E O F G O D E L P O E P
A O C T J J E P O S E P L E I R B A G F K B Y Y C Q P S
R J H Q D C P T S V F I P C R Q R V P G R Y K O U Y P L
D O A L G C R W H H H O M S F U T Y N W T U W J W D O J
K H R I Q W I A H G W R V I S I O N Y R B N G A E A D D
O F I N U B E O R E I P W W W S H T N O M E V I F E R I
T M A G C A S B R N G R G A N G E L O F T H E L O R D A
B O S E D R T V Y G N A D O G M X I S J O H N P F E Q B
Y R U R J R H T A I X E G R M U A A A T D U E O K K J I
U H D E O E O T Q B K L T D Y Y E L P M E T V T Q A P N
T J L D G N O N F L W I U E D E L I Z A B E T H U M R C
R N B A B F D C F A L J E R F S S E L H C E E P S M A E
O W B U H A G R Z M F A P D P O X H N P E P O T F W Y N
U X T T L G V T H E C H J Q K X P T R B U V C F O A E S
B A H T S R N Y C L S K A L Q R X H U Y H N L L J K R E
L V A X R E R Y E E F T H N J F F W B P C S W R O Q I E
E R T F Q L I C N S I Q S E O A D V A N C E D D I Y V A
D W N Q S X G R M S R G L A D N E S S J I E U O S U S M
D I V I S I O N P T X L H R C S G N I D I T D A L G G Y
W P A P S A P P E A R E D H B E C K O N E D C W V T A A
```

3

Christmas

MARY IS VISITED BY THE ANGEL GABRIEL
Luke 1:26–38

"And behold, you will conceive in your womb and bring forth a Son, and shall call His name JESUS. He will be great, and will be called the Son of the Highest; and the Lord God will give Him the throne of His father David. And He will reign over the house of Jacob forever, and of His kingdom there will be no end."

⤞ Luke 1:31–33 ⤝

SIXTH MONTH	TROUBLED	POWER
ANGEL	WONDERED NIV	HIGHEST
GALILEE	FOUND FAVOR	OVERSHADOW
NAZARETH	CONCEIVE	HOLY ONE
VIRGIN	BRING FORTH	SON OF GOD
BETROTHED	JESUS	RELATIVE
PLEDGED NIV	MOST HIGH NIV	OLD AGE
JOSEPH	THRONE	BARREN
HOUSE OF DAVID	FATHER DAVID	NOTHING
MARY	REIGN	IMPOSSIBLE
REJOICE	HOUSE OF JACOB	MAIDSERVANT
HIGHLY FAVORED	KINGDOM	LET IT BE TO ME
BLESSED	HOW CAN THIS BE	

```
C B R E L A T I V E X R D E G D E L P K L O P P E T G P
I Q F M H W R B F T S H O L Y O N E Q G E A Y R N M D B
B Y C Q U D B C N G M G B T V M S A W T R H U R W E H S
P F N B D H N Q W A P H F O H F O U N D F A V O R J O O
O O R I E R P T R N Z D T T C K A B T W V F G E I C T N
L T W Y G R E I G N A A T E N A P P P H H Q D X Z J L O
I C M E K R O Q E S N B R G L J J V N P R N A T R Z Y F
F G T C R W I E B B G D C E X B V F D V O O B N I R T G
I T B J W B J V N P E X Y A T P I U O W F R N D N R C O
Q M O S T H I G H F L F I J C H G S T E C U E E G F C D
N T Y H T N O M H T X I S H W F A L S H S S W U F I S S
J O D C D M D P L D Y V I L O A L Q Y O S U P U O F E K
D C E M O D G N I K A G E D J I I X T E P V O S R C D O
X I M U S G A Q P R H O C Q J T L C L K P M L H T O E V
V W V F N M O Y M L J X I C A C E B T R Q H I F H N H E
X Y T A G E X X Y F E N O O S R E N O T H I N G J C T R
W R T W D B V F P F S K J X E M O T E B T I T L E O S
V G H X Q F A M O W U V E Q C O E H P E S O J K V I R H
E R Y G H V O Y Y L S F R T M A R Y O E H H W Q T V T A
Q A M B O W A E W A D H R P N E R R A B S S P U R E E D
G Q R R I W I W S L X A P L R S I D E L B U O R T E B O
A E E F L N Q J X U E U G D I V A D R E H T A F X Y P W
I D F M E T M A J E O H V E M A I D S E R V A N T H C B
C H N E H Y M E B S I H T N A C W O H I G H E S T P N M
```

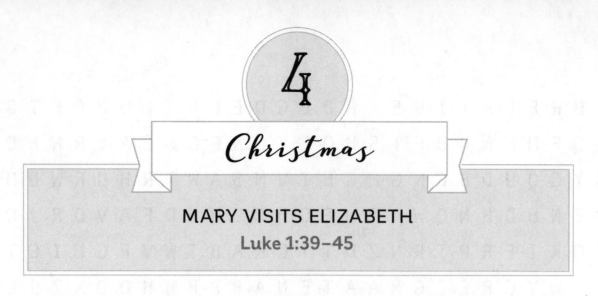

4

Christmas

MARY VISITS ELIZABETH
Luke 1:39–45

And it happened, when Elizabeth heard the greeting of Mary, that the babe leaped in her womb; and Elizabeth was filled with the Holy Spirit. Then she spoke out with a loud voice and said, "Blessed are you among women, and blessed is the fruit of your womb!"

Luke 1:41–42

AROSE	LEAPED	FRUIT
HILL COUNTRY	WOMB	VOICE
JUDEA	FILLED	GREETING
ENTERED	HOLY SPIRIT	SOUNDED
HOUSE	EXCLAIMED NIV	BELIEVED
GREETED	BLESSED	FULFILLMENT
BABE	WOMEN	PROMISES NIV

```
F T I R I P S Y L O H S D E V E I L E B
E E C I O V C Y M J S M N H H I X K N M
S W B D G D D V J C K D I A L J W G H G
O I A I E E E M P M K L F E D E Y R H T
R Y P L D S E F M H L E U W P R L E X N
A T L N R B S N C C L K G R E H H E Y E
T I U X W Y L E O U C S O E O B X T D M
F O D E N K H U L D K M A U M C B E M L
S C P E R O N E U B I E S O L X J D R L
B Q M T R T A V R S N E W A P J H O H I
S O A T R P Y G E T T Q I J Q F Y B J F
W E R Y E E I S E B J M B A A E D U J L
B C B D B O R R A L E T I U R F T W V U
U S H M H Q E K T D E N R M C P K M K F
M H H X M D G Q G R E E T I N G W S X W
J P W V H C F Q E B A B W F W R P O V M
```

Christmas

MARY'S SONG
Luke 1:46–55

For He who is mighty has done great things for me,
And holy is His name.
And His mercy is on those who fear Him
From generation to generation.

Luke 1:49-50

MAGNIFICAT*	NAME	FILLED
SOUL	MERCY	HUNGRY
GLORIFIES	STRENGTH	RICH
REGARDED	SCATTERED	EMPTY
LOWLY	PROUD	HELPED
STATE	PUT DOWN	SERVANT
MIGHTY ONE NIV	MIGHTY	ABRAHAM
GREAT THINGS	EXALTED	SEED
HOLY	HUMBLE NIV	FOREVER

*The term "Magnificat" does not appear in the Bible
text, but this passage, also known as "Mary's Song,"
is commonly referred to by that name.*

```
G X V B J N B P B I V D W L E P F Y J K Y T P M E N R N
S P D X D E L G I B N D L D B H V G F O R E V E R C N I
L T B H G K I O C H G E J K K D K F P W L O B M C Q B
A N O W C D I Y M B X O Q T N U O M A G N I F I C A T C
E L A Q E M I G H T Y Y S X L W P Q E C S K G X W I N H
Y A L Y E X J W I E V I B C V A M W L H E C H G P A W L
L E W T Q R P Y F N O Q E U V T X B J S A H P L B F O F
M T P R F Y J T L N S T M D D R M E G J V O H O V R D P
L J A X L W N A E V C Q N E D W Y G Y N F E Q R C P T C
H X Q U Y A T X S A M X J D U Y E I E B M K I I W R U Q
Q O O I V P G C V B B C Q R S A M E R C Y N J F Q O P C
G S Q R G G C D R R D I S A E T X T L R S I F I K U L I
S C E P M D E U W A K V R G E T Y R G N U H P E U D F C
G S U R S E N C T H B C K E D G V M S E B P J S W R I X
N P S E B R O T K A F L E R V L N T D Y R R Q K O E F K
I J I W R E Y U D M T O A Q U U R M T C N A M E T C V P
H I P Q I T T K E Q O W V G Y E S S M L I Y L A I L H W
T R H U C T H J P H T L T J N J I Q K V C C T J A U C D
T O V N H A G C L X C Y A G M E M V A L F S Q J M H I M
A G M Q W C I F E M W H T H V J J Y X I J E V B D B Z W
E G N G O S M W H M I H F T L U T V L S P K L R P A E P
R T D C Z M W Q G T J G D P Y F J L H I Y E O C N K O P
G C E S Q E K A A G M C D T J P E R X Y C S P G T J D J
H B P N G S N E J R W Q O X G D D H M E F M X J W D N I
```

6

Christmas

THE BIRTH OF JOHN THE BAPTIST
Luke 1:57–66

And he asked for a writing tablet, and wrote, saying, "His name is John." So they all marveled. Immediately his mouth was opened and his tongue loosed, and he spoke, praising God.

Luke 1:63–64

JOHN THE BAPTIST	SIGNS	LOOSED
ELIZABETH	FATHER	SPOKE
GAVE BIRTH NIV	WRITING TABLET	PRAISING
NEIGHBORS	HIS NAME IS JOHN	AWE
RELATIVES	MARVELED	DISCUSSED
REJOICED	MOUTH	HILL COUNTRY
EIGHTH DAY	OPENED	
CIRCUMCISE	TONGUE	

```
A U B E C S R H D Q O T F L M D G R W G
K A N L I E P Q S W K F G N I S I A R P
M F W I R M U Y D P S N G I S F D J I A
O T Q Z C W U G E I O X R U R H E O T W
S D N A U O P N N I M K T C B T S H I V
O E B B M I A D P O G T E E C U S N N H
P S G E C B U E E K T H Q K W O U T G I
E O I T I P W F H C T L T C B M C H T L
N O S H S A U Z A T I Y R H R X S E A L
E L P J E O E A D T R O E N D L I B B C
D P H A D V O S C H H I J R C A D A L O
Q S R O B H G I E N H E B E X R Y P E U
I A A C G I A W C G L V R E R M K T T N
P V F J S E V I T A L E R C V Y M I K T
X E E B W M A R V E L E D R Y A O S G R
I K V N H O J S I E M A N S I H G T V Y
```

ZACHARIAS' SONG
Luke 1:67–79

"And you, child, will be called the prophet of the Highest;
For you will go before the face of the Lord to prepare His ways,
To give knowledge of salvation to His people
By the remission of their sins,
Through the tender mercy of our God,
With which the Dayspring from on high has visited us;
To give light to those who sit in darkness and the shadow of death,
To guide our feet into the way of peace."

Luke 1:76-79

ZACHARIAS	SWORE	KNOWLEDGE
PROPHESIED	ABRAHAM	SALVATION
LORD GOD	DELIVERED	REMISSION
VISITED	ENEMIES	SINS
REDEEMED	SERVE	RISING SUN NIV
HORN OF SALVATION	WITHOUT FEAR	GIVE LIGHT
HOLY PROPHETS	HOLINESS	DARKNESS
SAVED	RIGHTEOUSNESS	SHADOW OF DEATH
SHOW MERCY NIV	PROPHET	GUIDE
ANCESTORS NIV	HIGHEST	FEET
REMEMBER	PREPARE	WAY OF PEACE
HOLY COVENANT	WAYS	

```
O J A Q M L A B R A H A M R U O C C R E M I S S I O N A
H D W C S J E C D S S U W F O B V N P A T R T K N M W X
D S Q R O L Y W S E F S E I M E N E D K N E C B X U H O
R V A Q F V O A R D K W S E K D U X N E H Y C G P S Q A
A D P L S L V V M R S W C S I F Q D Q P R L Y N B I R Y
E A S I V E E Q I A O A T Q R S E H O S M E D T X Q J K
F I Q S D A Q O I R E J U W M R D R Q Z S T V K K H W E
T P J G E P T R E P J L A R X I P X Y D L R S I E R D G
U R S C O N A I F E H J P Z R Y C P C V M O I R L I X D
O H W L P H K O O V J K R R L R I Y G J Q I R Z S E P E
H F D H C K Y R M N S C A O O I U C G I X G Q D E M D L
T N M A Y A A Y A Q Y G H V R P H R A K V C F N G Q B W
I S Z X W M J Q I D C Z O Q Y C H Q C Z D E A I L O E O
W I V Q R E B M E M E R H O L I N E S S H S L X Y V D N
S N O I T A V L A S F O N R O H C T S R P F P I O K A K
T S G T E H P O R P N S Y K U Z B R E I D Y L V G O A S
T O Q I V S E D K X H V I S I T E D U Y E E J W H H R S
S W L S H A D O W O F D E A T H S Q K J S D M G L O T Q
E U A W R J U W W G F F R A E R A P E R P O G E T R R U
H E V Y L A Q M K S S E N S U O E T H G I R N S E T X K
G F T L S E E G H E W A V N U S G N I S I R E M H D O E
I N T E E R H Y F A Y E D I U G O E V U G C A K J X E I
H D Q M C H O L Y C O V E N A N T T A K N T E E F R K R
I Q V Y I W J G Q Q G I L S L E U V A A K M W V P M O Y
```

8

Christmas

JESUS' BIRTH
Luke 2:1–7

And she brought forth her firstborn Son, and wrapped Him in swaddling cloths, and laid Him in a manger, because there was no room for them in the inn.

Luke 2:7

DECREE	JOSEPH	FIRSTBORN
CAESAR	CITY OF DAVID	SON
AUGUSTUS	BETHLEHEM	WRAPPED
REGISTERED	MARY	SWADDLING
CENSUS NIV	ESPOUSED WIFE KJV	CLOTHES KJV
TAXED KJV	WITH CHILD	MANGER
QUIRINIUS	DAYS	NO ROOM
GOVERNOR NIV	COMPLETED	INN
SYRIA	BROUGHT FORTH	

```
M G E F I W D E S U O P S E Y B V N W O D T S F K X T N
K Q S A Q I L I P I B M E H E L H T E B J N X F L I Y F
W C C R F A U B F Y I W Q K F I D N L C N D U Q Y M U N
B E E O H W L R V L R L L E V D L Y R J G O V E R N O R
Q F N E R Q Z Y F K B C I L G R T H Y D E T E L P M O C
U A S J B Y M C I W K B N R F I R S T B O R N X Q A I Q
I S U D G J W J W H R A N Q S A K C L O T H E S S Q W W
R C S B X S W D U R J P Y H S R T T N Q M X C Q L S H L
I L P W A H I A T A I R Y S X H S A F M D O P A H I J H
N P Y F V E E X T L O E K C I T Y O F D A V I D L Q E J
I J H P G Y C M A N I J J L P D J W E U D N P Q N O S D
U D E B Y R E G I S T E R E D M R N O E T L G J G Q A S
S D H N M E H Z U O H U K Z N G V N P R F D L E E Y O Q
M Y Q W A F Y D P T V H D M K H J P M Q R G S A R M P W
U R K V H X I S W A D D L I N G A X R R I G W O J U H I
M O O R O N E C T K G K E K U R C R H W N T X B G E Q T
O G Q U N I A K T D A Y S M W B L W O S U T S U G U A H
V Y N S C E B D E C R E E T J A B M F F A A E X J E Q C
J L Q B S U X V F Y Q W T P T D E X A T S B O F Q A E H
T Z N A F D H T R O F H G U O R B P R M H G V C W U I
M C R P W R I F U L Y C H T L H Z Q R R Y F L P E R U L
R I J X R N U V U H P K Q M I S J I H L X N E E H Q D D
J Q J W W X C A Q H P E S O J V W S K G K T D F O X E J
M C G W F W D E X P A O L F K J R M O L I V L P V E M T
```

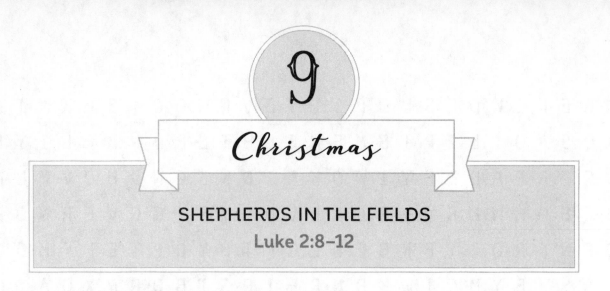

9

Christmas

SHEPHERDS IN THE FIELDS
Luke 2:8–12

Then the angel said to them, "Do not be afraid, for behold, I bring you good tidings of great joy which will be to all people. For there is born to you this day in the city of David a Savior, who is Christ the Lord. And this will be the sign to you: You will find a Babe wrapped in swaddling cloths, lying in a manger."

Luke 2:10–12

COUNTRY	GLORY OF THE LORD	MESSIAH NIV
SHEPHERDS	SHONE	CHRIST THE LORD
FIELDS	GREATLY AFRAID	SIGN
KEEPING	TERRIFIED NIV	BABY NIV
WATCH	GOOD TIDINGS	CLOTHS
FLOCK	GREAT JOY	LYING
BEHOLD	ALL PEOPLE	MANGER
ANGEL OF THE LORD	CITY OF DAVID	
STOOD	SAVIOR	

```
L X K K M R Y L X P W W S Q C H K Y M R H A I S S E M D
R X L T F P M T I Y B A I U U X U F U L W D B W F S R D
V E J V G R E A T L Y A F R A I D J J G M L T Y Y Q H R
C S L Q O Q V W G J U H J P T R F H P B G O A M S H K O
M G O R S U B X Y L E W M Y E Q F J L H A H W X G O Q L
B N E D X R P T I Q O F C B D D Z N T L J E L W Y F D E
D I U W E E R J K G Y R A Q Q W I W S G X B C J U X J H
E D F Q T G L P T R S R Y V B H C V U D K P P T U H V T
B I Y D M W V N D I T W T O Q J Y E A T R P N K C L F
X T R T L G H X G E O Z Q T F L C O M D T E A C M T C O
C D T D V K W N R M O V X C L T W F J L F E H W E A E L
U O N B J T U R R R D I Y S R T H G Z T Q O B P G W N E
O O U K O X I B H P E I F J R Q I E G F A I Y P E F B G
C G O H Q F L N K K D G U C R G B U L Y X E O T L H P N
C T C T I U L P E H P H N K K N W F E O Y D R F I H S A
Y A M E Z L Q E N P X H V A R J R S R K R M K G H C H U
Q D D Q D S P K O N T B X Q M Z S H C M O D M V H H V Q
A T R P A I S R H F C L O T H S S O S R V J P U D M E B
Y U O Z N J B V S Q J G D Y O A L A I P F D Y L Y I N G
M Y I G R S O H E D Y I R R K F A Q F H X T P B S S J I
N C V S E R U J P R Q Y M J G G O F W W H R N R A Y W T
R Y A F N J S H F I E L D S I F X N Q L D X B L K B A E
V B S S F K U V B Q A L L P E O P L E A J T G X D K K E
P F E A C S A E C H R I S T T H E L O R D L S J P N G X
```

19

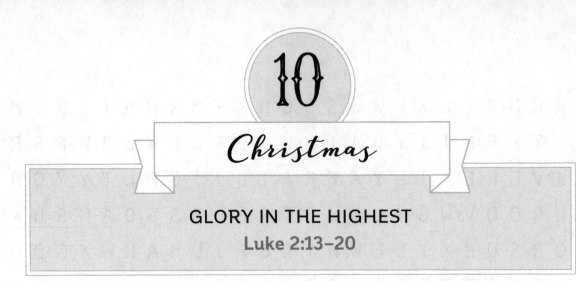

10

Christmas

GLORY IN THE HIGHEST
Luke 2:13–20

And suddenly there was with the angel a multitude of the heavenly host praising God and saying:

"Glory to God in the highest,
And on earth peace, goodwill toward men!"

Luke 2:13–14

SUDDENLY	GOODWILL	MARVELED
MULTITUDE	GONE AWAY	TREASURED NIV
HEAVENLY HOST	LET US NOW GO	PONDERED
PRAISING	CAME	RETURNED
SAYING	HASTE	GLORIFYING
GLORY TO GOD	FOUND	
PEACE	WIDELY KNOWN	

```
V J U Y P N U Q B R D F N N Q Q U L G V C I B G A T A Q
D Y M P E W G J Y J L X H S Y R B J E N B N K F O L P I
P T U H F O I U O T D M V D A L J W V T I Q E F R M W A
H R E L J N U H R I E Y J L B Y S Q P J U Y M V C F F P
D M J Q G K K P G D W H Q N E S I A E Y V S F T M Y L L
L T V D Q Y I Y O Q K C L N C Q V N F K H K N I X O V M
D R F U H L F N O A H R G E A D K O G O Q C V O R X D V
V X B Q B E H O D X I Q K O E N U A S M I G D L W O A D
J F J E V D V B W I B H R P P N E C E Q F W X K H G L X
D X U O P I C U I P T O D C D Q U S O U G Q H E M R O G
M E A M D W V W L A Q K Q E X F M K E L M A A M N A X
K N R M D B T N L C I X J R K G X Z A S V Q R Z R S D
F Q N U X E G Q I K A L S L R E B L R T E Y A U D M D B
F V T G S Q F O R Q M V H V M E D V E N W Y F W N X E X
K A X N V A L R Z V E O G A O U E N L L V D W O J T R I
M E U W O A E U X O N Y D S Q L L Y O V R U S X M G G A
Y V A K C C Y R Y B K F D N E T H T R P Y W Q W W N R B
Z L S F G E T P T V Q C F D D O Y Q I G N I S I A R P D
W S N Y Z Y N X P C B A Q V S F D M X T J T A R W U T E
X N N E B I Q S D S U Z L T J S M C C D U F E X T Q N S
Y T E Q D Q A W E G L O R Y T O G O D K M D Y J O S J H
R C L Y K D V O H R Z S J P F Q W A I J V N E H Q R G S
X S N R N J U U W G R G O N E A W A Y E N H C F W W V H
H N F V C I F S J R E T U R N E D N S J U S S Q X V S F
```

11

Christmas

JESUS BROUGHT TO THE TEMPLE, SIMEON AND ANNA
Luke 2:21–40

He took Him up in his arms and blessed God and said:

"Lord, now You are letting Your servant depart in peace,
According to Your word;
For my eyes have seen Your salvation
Which You have prepared before the face of all peoples,
A light to bring revelation to the Gentiles,
And the glory of Your people Israel."

Luke 2:28-32

EIGHT DAYS	EYES HAVE SEEN	REVEALED
CIRCUMCISION	SALVATION	ANNA
PURIFICATION	PREPARED	PROPHETESS
LAW OF MOSES	PEOPLES	WIDOW
COMPLETED	REVELATION	GREAT AGE
SACRIFICE	GENTILES	FASTINGS
TURTLEDOVES	DESTINED	PRAYERS
PIGEONS	SWORD	NIGHT AND DAY
SIMEON	PIERCE	REDEMPTION
JUST	SOUL	WISDOM
DEVOUT	THOUGHTS	GRACE OF GOD

```
P H U B D Y R S R A I E N F Q J M I G K E X T L L I L Q
N D W M E E Y V P Y G D A A F N E P R E P A R E D A R O
Q V W V T Q P A H F T S W U O V J X D O Q O T N W D F W
R P G R E A T A G E Q C P I Q G Q E E Y G F T O P L O I
J N N W L E Y F D R D J T T H K I B L P W B F M Q X F D
S F E L P M Q Y X O S A D Q P G B S A J G M A P A Z A O
A I E A M E Y N X M C R O R H A V Y E U O J I D G Y S W
C H S N O I W B G I E A Q T O K B N V S Y Z B K N L T O
R A E N C R I Q F P H Q D T B W Y C E T Q I H L U U I T
I X V A Q S Y I P Z E A I D V Y S S R J Y X L K U O N H
F L A D X I R Q B X Y G J E F W B B S N O E M I S S G B
I M H Y E U G C S S E U P J N D D O G F O E C A R G S H
C L S A P S J Y J N O I S I C M U C R I C P I G E O N S
E M E D A Q T D T N Y A V L H P R E V E L A T I O N T R
L S Y D X G G I C C S R E Y A R P W W H V R P E X W R Q
E A E N P X L V N S E L P O E P R Q G X M T B Q Z L C B
W L X A O E T V A E J H C Q E K X N J B C A L C Y U X T
S V A T S I H P I V D F T A O N H Y I X Y U H V J W R A
H A J H D R O X P S E V O D E L T R U T J R C G B I E U
V T R G T X U G H Q D N O I T P M E D E R J Y B C S T C
L I H I Q Y G L G S R Y Q T U O V E D Q W O D I S D H F
U O N N B H H A J Q B P R O P H E T E S S U W X J O B P
E N N W J L T Q O W C E C R E I P D R H H J S N T M Q R
U G F A E G S H J K K U T O K A R A Q Y A A Q W L W O S
```

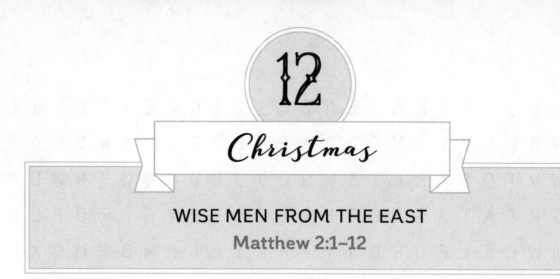

12

Christmas

WISE MEN FROM THE EAST
Matthew 2:1–12

When they saw the star, they rejoiced with exceedingly great joy. And when they had come into the house, they saw the young Child with Mary His mother, and fell down and worshiped Him. And when they had opened their treasures, they presented gifts to Him: gold, frankincense, and myrrh.

Matthew 2:10–11

WISE	SECRETLY	GIFTS
MEN	CALLED	GOLD
MAGI NIV	GO AND SEARCH	FRANKINCENSE
JERUSALEM	BRING BACK WORD	MYRRH
WHERE IS HE	REJOICED	DIVINELY
KING OF THE JEWS	HOUSE	WARNED
HAVE SEEN	YOUNG CHILD	DEPARTED
STAR	MARY	ANOTHER WAY
EAST	FELL DOWN	
HEROD THE KING	WORSHIPED	
TROUBLED	TREASURES	

```
M Y E K B N B T G Q Q V T S F H L O I J X J S R H S L B
Q B S D P G N Z V C L H P E Y E U B P X L R F T R S D K
X Q S G W A N O T H E R W A Y R R G P M K S N M T D E B
R G Q P I D B Q S J W Q R T A O I L O G A A E F E H I G
V I H F S Q D T F H N N J E Y D B O L L N B I C S T Q O
E T G R H R Z P E X M N M V O T G J H I D G I I D R J A
F R A N K I N C E N S E J O U H Y E P C D O E K U E G N
T O V U L Y L E N I V I D X N E M E O M J R Q A U A D D
S U D Y B Y U S S B R C U T G K H Z E E R C E C S E S
A B F R L N B N Q W C Q B N C I I B R H M T T Q V U N E
E L O I O T S N P E K Y V A H N K H W Y Y M P M W R R A
H E G K Y W E W W L H R D Y I G H F B S R B R Q N E A R
J D B A N Y K R E O O A F Z L I L A R Q M R P G S W C
U K L Q S A H C C J D M W B D H S M N C H Z C H C N K H
J D M B F X Q M A E E L A J G R T W Y Y H T X A P J A J
H W Q G V Y F E L B S H L Y E S A M B R D H G X L O H E
A A O N A W C I S L G W T E Q R R J P X C M E N W L S G
V S W R E M Q R G I Q N C F F Z U Y X D K Q B S J M E S
E O U A S M Z S T X W X I Q O N W S F Z E J A N U A K D
S U A S X H E T Q X N T P R S G V S A A T H W G F O D J
E N G K B I I A A O S J D I B R N Y Q L S V W F U T H G
E Q H C Q D E P E V M Q G H W A G I S Q E W K Q W T A F
N P V T I B L Q E B K A I D J X I J K Z U M V W G P U D
X K A M Q T E W M D M D D E P A R T E D B L T J U D K M
```

John the Baptist

Matthew 3:1–6, Matthew 14:1–12

Now John himself was clothed in camel's hair, with a leather belt around his waist; and his food was locusts and wild honey. Then Jerusalem, all Judea, and all the region around the Jordan went out to him and were baptized by him in the Jordan, confessing their sins.

Matthew 3:4–6

WILDERNESS	CAMEL HAIR	CONFESSING
JUDEA	LEATHER	HEROD
VOICE	LOCUSTS	REBUKED
MESSENGER	WILD HONEY	ARRESTED
REPENT	BAPTIZED	PRISON
ISAIAH	JESUS	HERODIAS
PREPARE THE WAY	REMISSION	DAUGHTER
CROOKED PLACES	SINS	PUT TO DEATH
ROUGH WAYS	JORDAN	

```
C G T D L B M G N H P K O D L X H W L Q H D K J K I Y F
Q L W S R V V W B M R E P R E P A R E T H E W A Y W P X
D O W R J E Z K M U P K G Q T R D Q A V J T M V V I U L
T C N N M Q T T S K G M R S E F G Y T F X M K Q L E A B
F U W O Z U T H C D E C G E O J X K H W Y D V R V O B N
X S K V I D Q A G S D V V R P I L R E H P V Y Y I C P W
C T P V B S U A S U N G E O T E P K R Y R X J X P F C Q
A S J R B M S E R O A I N U G V N R M S L Q A P H O U I
M V M S R B N I R A R D A G P Q M T U A I R C Y M X T
E N C K T G Y H M C C X D H N B P S U D R H J P M R P J
L M Y A E D U J Y E Q T R W V J E K L E M C J T H F K H
H E J R Y O C E B Z R S O A A J Q W S A S J L U H K B D
A N L M F K R A S R I L J Y B Y G T A U C X H I H P T J
I O U J Q C P A Y N I Q C S A H E B I G B X U Y Y H V P
R S C O T T I Q S B W T B D M D Q Q Q H B V C K I B I A
Q I E R I D O I A A M J Z Q X T R U V L X L V A W W T K
R R O Z O S V S Y W I L D E R N E S S V N X U I G C X O
X P E R L V T A O S D E K U B E R E I R W P L G Y P M W
E D E H D W T I Y Q G P U T T O D E A T H D E M M T K D
M H X W H M M A D C L D P B Y Q D O A G H B A P X Y A Q
Y D O R E H L H O N B N J X O K Y J Q O C A I B V Y G R
Y S E C A L P D E K O O R C I D O M N G S J M N Q V M N
U Y N G N I S S E F N O C K W G D E K G D E Q D Z R N C
Y T C Y C L A N A P N R V P N E Y N E C I O V Y I N L C
```

14

Names and Descriptions of Jesus 1

The next day John saw Jesus coming toward him, and said, "Behold! The Lamb of God who takes away the sin of the world! This is He of whom I said, 'After me comes a Man who is preferred before me, for He was before me.' I did not know Him; but that He should be revealed to Israel, therefore I came baptizing with water."

John 1:29–31

CHRIST Matt. 1:1

EMMANUEL Matt. 1:23, KJV

KING OF THE JEWS Matt. 2:2

RULER Matt. 2:6

SON OF GOD Matt. 14:33

MASTER Matt. 23:8, KJV

RABBI Mark 9:5

SAVIOR Luke 2:11

PHYSICIAN Luke 4:23

BRIDEGROOM Luke 5:34

THE WORD John 1:1

LAMB OF GOD John 1:29

MESSIAH John 1:41

BREAD OF LIFE John 6:35

LIVING BREAD John 6:51

LIGHT John 8:12

GOOD SHEPHERD John 10:11

TRUE VINE John 15:1

LAST ADAM 1 Cor. 15:45

KING OF KINGS 1 Tim. 6:15

LORD OF LORDS 1 Tim. 6:15

LORD OF GLORY James 2:1

OVERSEER 1 Pet. 2:25

CHIEF SHEPHERD 1 Pet. 5:4

ADVOCATE 1 John 2:1

ALMIGHTY Rev. 1:8

ALPHA Rev. 1:8

OMEGA Rev. 1:8

LION OF JUDAH Rev. 5:5

MORNING STAR Rev. 22:16

```
L R F E A W O K P Y Y F G S S D R E H P E H S D O O G M
H R E T S A M A H P L A D X R W F N E F Y Y P R N L G L
H F H J D V D C G K L S L R Y T H G I M L A K S Y B C F
A I M C F Q D V A Y E A X T H E W O R D Y S C M R T X M
L C E H T R S H O M U Q B L J E Y Q Z B H K X X B Y D L
I D H I E G R A Q C N X Y P V L P Y B R T G M S J S C O
O D V E X K E I T C A T U W N H T A E I L S Q M T V C R
L E I F N Y O S G E M T K F F G B F Q D A L I F V N M D
V V S S F T Y S O I M F E A D T I U G E X W S R C X O O
K M D H J L O E M W E I P O N L H F Y G Q Y K P H G R F
I E R E Y F G M K J P Q G J F F K T S R X J J A R C N G
N N O P B Y V K X I K F Y O V D K X O O Q I B B A R I L
G I L H F P T K Q I O Q D W T V N D N O T U E G M S N O
O V F E R E X J N B H A Y Q O F L Q O M G J G X Y N G R
F E O R E F P G M E E R O I V A S H F R L G V M R C S Y
T U D D P T O A B R M C L F R W W B G S R K I F N L T H
H R R E T F L Q B A B V O A K L L X O L L F M O N O A S
E T O G K T R H Q G D V J V G Q G R D J E P H J S A R Q
J N L I B T G R X L L O N H V E D A E R B G N I V I L T
E Q N U F M L U L I M Q X Y F N M D Q G C H O E F U O C
W G R S X B S L Q G R E E S R E V O N I B A N O W D Q E
S V T Y B Q Z E M H P L I O N O F J U D A H A R I H Y D
P Y C R M T N R K T V Y J Q D N O P I M A D A T S A L X
P K I L U M L J F P H Y S I C I A N H A B L G I X K O L
```

Names and Descriptions of Jesus 2

Therefore, holy brethren, partakers of the heavenly calling, consider the Apostle and High Priest of our confession, Christ Jesus, who was faithful to Him who appointed Him, as Moses also was faithful in all His house. For this One has been counted worthy of more glory than Moses, inasmuch as He who built the house has more honor than the house.

Hebrews 3:1–3

GOD WITH US Matt. 1:23

BELOVED SON Matt. 17:5

TEACHER Matt. 23:8

AUTHORITY Matt. 28:18

HOLY ONE OF GOD Mark 1:24

CARPENTER Mark 6:3

DAYSPRING Luke 1:78

CHOSEN ONE Luke 23:35, NIV

I AM John 8:58

JUST ONE Acts 7:52

DELIVERER Rom. 11:26

SACRIFICE Eph. 5:2

ETERNAL 1 Tim. 1:17

IMMORTAL 1 Tim. 1:17

INVISIBLE 1 Tim. 1:17

POTENTATE 1 Tim. 6:15

APOSTLE Heb. 3:1

HIGH PRIEST Heb. 3:1

FORERUNNER Heb. 6:20

CORNERSTONE 1 Pet. 2:6

WITNESS Rev. 1:5

FIRSTBORN Rev. 1:5

SON OF MAN Rev. 1:13

LIVING ONE Rev. 1:18, NIV

FIRST AND LAST Rev. 22:13

BEGINNING Rev. 22:13

END Rev. 22:13

ROOT Rev. 22:16

OFFSPRING OF DAVID Rev. 22:16

```
E U W A I Y C J A H I M D G N I N N I G E B S X M F Y O
X W D O B W W V S R K Y S K A Q F E O D L N B B J C D C
B X T E A C H E R C Q O J Y V I D W C H O S E N O N E B
Q R C K D J Q P H K N L M N N S W B M A W V S M X U U D
W P A B A O W S D O H Y T V A I B K N R J T S U F P O I
K R Q H L S Q B F H S O I W A H Q F R S P F A N N H I V
N S L A T R O M M I J S L M T D A L O P Q O C L O E Y A
R R Z F M H A Z S Q I S Q Y Q V F V B S L R R E S N R D
Y S F M W N C V B B H W L P O H R F T B O E I I D O E F
B T E D I S L J L U S A I Q W N C N S N G R F H E T R O
Q S K F S S E E U C N G J T L R E P R K N U I N V S E G
E E O B N E R I C R L O N J N J T O I I E N C S O R V N
T I N A J Y Y U E V V D O W J E R B F X H N E S L E I I
A R S J N B I T A Y J W N R W D S O Y G Q E J J E N L R
T P J M W Q E D N E X I R G K A N S O R O R R E B R E P
N H X H I N E E U P A T O Z U Y R N Q T U D H C V O D S
E G F M F M W D H I A H M X P S I Q U A B F J S T C V F
T I A P O S T L E S I U C A R P E N T E R Q F B X K B F
O H L D L V M R S Q K S Q V U R T C J U S T O N E B X O
P W Q V M R A U T H O R I T Y I O C J B I T V R Q C I X
Y B T E M D D H G U U V Y C P N H V H V B W L V B B U D
X W D S G M V T A G T K A S F G Q T G N C G D O V J F H
B N F S C R X F J D B Z I C H F I R S T A N D L A S T O
A C V V I R D B U E N O G N I V I L N S W U I G J B F U
```

Names and Descriptions of Jesus 3

Coming to Him as to a living stone, rejected indeed by men, but chosen by God and precious, you also, as living stones, are being built up a spiritual house, a holy priesthood, to offer up spiritual sacrifices acceptable to God through Jesus Christ. Therefore it is also contained in the Scripture,

"Behold, I lay in Zion
A chief cornerstone, elect, precious,
And he who believes on Him will by no means be put to shame."

1 Peter 2:4–6

HEALER* Matt. 4:24	FIRSTBEGOTTEN Heb. 1:6, KJV	STONE OF STUMBLING 1 Pet. 2:8
SERVANT Matt. 12:18	SUFFERING Heb. 2:9	ROCK OF OFFENSE 1 Pet. 2:8
BELOVED Matt. 12:18	CAPTAIN Heb. 2:10	DAY STAR 2 Pet. 1:19, KJV
COMPASSION Luke 7:13	PERFECT Heb. 2:10	PROPITIATION 1 John 2:2
REJECTED Luke 9:22	MERCIFUL Heb. 2:17	WORTHY Rev. 5:12
DOOR John 10:9	SYMPATHIZE Heb. 4:15	FAITHFUL Rev. 19:11
GATE John 10:9, NIV	TEMPTED Heb. 4:15	TRUE Rev. 19:11
POWER OF GOD 1 Cor. 1:24	AUTHOR Heb. 12:12	BRIGHT Rev. 22:16
WISDOM OF GOD 1 Cor. 1:24	FINISHER Heb. 12:12	
RADIANCE Heb. 1:3, NIV	ELECT 1 Pet. 2:6	
REPRESENTATION Heb. 1:3, NIV	PRECIOUS 1 Pet. 2:6	

*"Healed" in Bible text.

```
L Y V W B B D A Y S T A R J S D A B O M Q D F R H D P Q
Y Y E S N E F F O F O K C O R Y H G N I R E F F U S X Y
H J U W W L R L W G R U S Q J M L U N S T V W V D Q Z
S S R S X O E A V P R Z G Q J L Q P T J L Y W Q L G F D
K N Q D K V P R O P I T I A T I O N A E Z Q G E X S V N
S C T W B E R W P O W E R O F G O D O T M K J R G M N R
S D H M T D Z N P V S E I W Y Y V I S U H P S W C R R J
O I N A H Q M W W T D O G F O M O D S I W I T Q M Q E P
G S B X Z E L X D W I Y O L W I M R V H Q L Z E X W P F
L T B R N K A I V G N J M X P U C Q W N K D N E D B R I
D O L A F F I L X N F G E J Z R Y F V O R L P S R Q E R
E N A D P Q H P E Q P I C N C F E Q T G W M X I D L S S
T E R I C I D Y E R E L N Z M E R C I F U L G O Q E E T
C O Q A I T C S B A Q J N I F V K S I U Z H O E X O N B
E F K N R K I V Q C O M P A S S I O N O T R E G Q M T E
J S T C Q F T N A V R E S V K H V O G K U L T F Y L A G
E T S E T R J M X R O H I T H Y E Y G W Q S A V V H T O
R U Q V C L N G F M D J G D C I J R U E L U G U Q I I T
Q M J Y Q I E L R V D X Q K N E D N D J F N E J T Q O T
H B I D V W D Q Z C X M B X R E L T J T M P Y K G H N E
S L T G H B C O T C E F R E P C T E E U N Q H F D R O N
N I Q C A P T A I N I W O R T H Y R F A I T H F U L V R
B N W M E U J I U T Q J V V C J F P U V Q S M V I F J B
V G N F E X O Q O F V H B L D M T H M E L R T F Z X Y Q
```

Locations in Jesus' Ministry

And leaving Nazareth, He came and dwelt in Capernaum, which is by the sea, in the regions of Zebulun and Naphtali, that it might be fulfilled which was spoken by Isaiah the prophet, saying:

"The land of Zebulun and the land of Naphtali,
By the way of the sea, beyond the Jordan,
Galilee of the Gentiles:
The people who sat in darkness have seen a great light,
And upon those who sat in the region and shadow of death
Light has dawned."

Matthew 4:13-16

JUDEA Matt. 3:5

CAPERNAUM Matt. 4:13

ZEBULUN Matt. 4:13

NAPHTALI Matt. 4:13

SEA OF GALILEE Matt. 4:18

SYRIA Matt. 4:24

GERGESENES Matt. 8:28

CITIES Matt. 9:35

VILLAGES Matt. 9:35

SYNAGOGUES Matt. 9:35

MAGDALA Matt. 15:49

TEMPLE Matt. 21:12

BETHANY Matt. 21:17

NAZARETH Mark 1:9

JORDAN Mark 1:9

GENNESARET Mark 6:53

TYRE AND SIDON Mark 7:24

DECAPOLIS Mark 7:31

BETHSAIDA Mark 8:22

CAESAREA PHILIPPI Mark 8:27

JERICHO Mark 10:46

BETHPHAGE Mark 11:1

CHORAZIN Luke 10:13

MOUNT OF OLIVES Luke 22:39

CANA John 2:1

JERUSALEM John 2:23

SAMARIA John 4:5

SYCHAR John 4:5

POOL OF BETHESDA John 5:2

```
N S Y C S A M A R I A I N S X Q R N U J W Y Q I O I B S
L I G E W S T J C F M B Y R Z S A B K S K D H F U Y I O
S Y N A G O G U E S B R F Q E P E B V K T G D L T L D M
K I V F I C Y L R D I Z C G H T C L F G E H A C O F L T
Q X H G W A Q I Y A J Z A T H X E W I B H L Q P V V M V
Y N A H T E B W P Q O L A S K F M B V J A O A Q S F K N
C X L B D S S T A E L L A X N W Q W J D F C F I Y X H H
T A K L N A M S U I I I W M G J M E G U E C Q S D L U J
C C N P O R I E V K D V H I R Z E A F D D R U W C S I Y
H I V A D E J G L A J T V J T N M D B S N E V U E R L M
P K L P I A R E E A V C E P I F H T E R A Z A N N A D M
M A G O S P U V R L S N S E N E S E G R E G Y M M E U S
B P K O D H Q C A I P U S K H T E R A S E N N E G M E I
W V E L N I K Q P P C M R Z R R A H C Y S Y C A X A G B
O N I O A L Z W C N D H E E X Q P G Q M R I H M O D R P
Q P D F E I C K M H X I O T J L W U X R M P E F P Z L J
L J X B R P F X N O E A D X R C V K U H H G C K K L X
P Y F E Y P Z R A V Q R O M V E V C A T N A I Q X Q X N
G E Q T T I E K T R X N A J B Q B N E A L K Y K S N X J
W O M H G S B Q Y Q B P E Z T C R B W I Q K E U W E W C
E L Q E C U U C I T I E S R I E R W L X K S O Q Q R N Q
X U Q S L T L W K O D S N Q P N X E P S L T J B O P Y H
S D R D S B U X F A S Q D A X J E G Q K O N A D R O J G
N R X A B Q N Y U Y C W C G M O U N T O F O L I V E S Q
```

18

The People to Whom Jesus Ministered

Then Jesus went about all the cities and villages, teaching in their synagogues, preaching the gospel of the kingdom, and healing every sickness and every disease among the people. But when He saw the multitudes, He was moved with compassion for them, because they were weary and scattered, like sheep having no shepherd.

Matthew 9:35–36

FISHERMEN Matt. 4:18

EPILEPTICS Matt. 4:24

PARALYTICS Matt. 4:24

DISCIPLES Matt. 5:1

CENTURION Matt. 8:8

SERVANT Matt. 8:8

TAX COLLECTORS Matt. 9:10

SINNERS Matt. 9:10

MULTITUDES Matt. 9:36

WEARY Matt. 9:36

SCATTERED Matt. 9:36

APOSTLES Matt. 10:2

BLIND Matt. 11:5

LAME Matt. 11:5

LEPERS Matt. 11:5

DEAF Matt. 11:5

POOR Matt. 11:5

SICK Mark 1:32

DEMON-POSSESSED Mark 1:32

TEACHERS Luke 5:17

TORMENTED Luke 6:18

WIDOW Luke 7:12

WOMEN Luke 8:2

MARY MAGDALENE Luke 8:2

JOANNA Luke 8:3

SUSANNA Luke 8:3

DISEASED John 6:2

```
E N S G P C E U E I T D N F F W P Y R B W Q K Y Y N S X
I T O K Q T J Y N G V E F J U O H X P B Q E R Q V I R R
J G N T O T R Q S K M F S Q Y N F Q P T S H G H J D E M
J W V T P C S C X O J Q L T R C N R B E C R X B S E N Q
X B O B P J C X W D H E U S E R V A N T U W C I R R N L
Q R P D T W M X S R F P Q D H H K W S Z O B Q L E E I N
G J D N I L B A H R L N G R U A Y V N P M F K W P T S W
E D C J K W X U R V O Y S X C M N C N E G T Q E E T E I
F R L K J K M T F Y H T Q D U F D N L R M P K A L A X H
A A S V N K L T I O M S C L K E O U A H B R C R B C S R
E R Y W Q S N F L N Q A T E M G L C I O M E E Y K S S Y
D H A X Z B X B T S Q I G O L M D Q S E J W S H F U H N
C S P A F H G V I G T Z N D G L H C P L Q D T R S S C O
W Y Y X U J Q J V U I P O J A C O I F B A Q J A G I Q I
Q I E O T L L M D Q O M F Y C L L C S Y C M N J D T F R
D R D F V P W E S S U Q Y D Q E E C X Q B N E Y S M W U
Q I T E S K S E S M I V E W P H I N V A A W N K K Y K T
U X S W T R B E X B L S K T Q T J S E L T S O P A R C N
C M I C K N S Q N L A L I H Y D V I Q S O E W Y O Q I E
A V H G I S E N E E G C D L B B R L X B I H Q O C A S C
Y L Y I E P K M S C S Q A N Q E F W I M D X P R K N L Q
X E D D F Q L I R K Y R J U Y I B L R W N J Q L F D R M
C W S O H Y D E I O A W S F G S R E H C A E T B U H S V
Y C T R R U D V S P T H G J I T C F Q W Q B H S U Q I L
```

19

The Temptation of Jesus

Matthew 4:1–11

Again, the devil took Him up on an exceedingly high mountain, and showed Him all the kingdoms of the world and their glory. And he said to Him, "All these things I will give You if You will fall down and worship me."

Then Jesus said to him, "Away with you, Satan! For it is written, 'You shall worship the Lord your God, and Him only you shall serve.'"

Matthew 4:8–10

JESUS	STONES	THE Lord YOUR GOD
WILDERNESS	BREAD	MOUNTAIN
TEMPTED	IT IS WRITTEN	KINGDOMS
DEVIL	MOUTH OF GOD	SPLENDOR NIV
FASTED	HOLY CITY	FALL DOWN
FORTY	PINNACLE	WORSHIP ME
DAYS	TEMPLE	AWAY WITH YOU
NIGHTS	THROW	WORSHIP THE Lord
HUNGRY	YOURSELF	ANGELS
TEMPTER	DOWN	MINISTERED
COMMAND	YOU SHALL NOT TEMPT	

```
C P J R B X Y I W O N D R O L E H T P I H S R O W U E I
Q I W P S S E N R E D L I W S L F A L L D O W N Z T R T
K N Q B D T L M X L E F S V T M M P A H D R S N T S U
H N T V F F Z A C L M L H Q O R Q W D M Q R Y D Q Y R R
V A E G P D Q B S V P E G Q N X F D U A O P H R K R E S
A C S L E G N A T E I S R X E J J A N D E X N Q X T V P
Y L F W R X O V H F H R B P S H A Y N A T K B C P W N G
O E R O C G Q T G R S U I I F T U E U W M X S M A Y J F
U C X I R C N H I M R O R J D Q L N E Y R M E W H J Y G
S X V O X T F E N I O Y P J C P K D G R H T O Y T T A U
H U A Y E D Y L D O W N H N S M Q G L R W P N C I L B C
A O U H V O S O S L C N R U V J X M W H Y E C C U G A P
L Y N E T T I R W S I T I R D N V L C Q M N Y K E U W D
L H Q F N D J D L K R M D E T A I P R Q T L I I X A H E
N T I J G V T Y Q E S G T E J Q T A W A O N A N X R M V
O I S X S W R O J C S P M A R E A Y T H E Q J G R M O I
T W S Y A D F U U L M P Q U L E S V X N Q E S D W X U L
T Y Q C Z S C R O E L Y G J Q Q T U D Z U S Q O F B T N
E A P X B D C G T E T R N H W H C S S Q X O D M M R H Y
M W E Z A W X O H L N D R G T V E T I M R E M S R E O F
P A S C O Q Z D U U F J D K H F H W K N T D D R X A F H
T S Q X C N B T J V W N S T R E O V B S I D X E I D G Y
T O D A I V U Q S A C N K Y O N U A A M B M L Y I U O J
Q A R A J Y I M O H X C T B W S W F N B E N P F T P D H
```

And seeing the multitudes, He went up on a mountain, and when He was seated His disciples came to Him. Then He opened His mouth and taught them, saying:

> "**BLESSED** are the **POOR IN SPIRIT**,
> For theirs is the **KINGDOM** of **HEAVEN**.
> Blessed are those who **MOURN**,
> For they shall be **COMFORTED**.
> Blessed are the **MEEK**,
> For they shall **INHERIT** the **EARTH**.
> Blessed are those who **HUNGER** and **THIRST** for **RIGHTEOUSNESS**,
> For they shall be **FILLED**.
> Blessed are the **MERCIFUL**,
> For they shall obtain **MERCY**.
> Blessed are the **PURE IN HEART**,
> For they shall **SEE GOD**.
> Blessed are the **PEACEMAKERS**,
> For they shall be called **SONS OF GOD**.
> Blessed are those who are **PERSECUTED** for righteousness' sake,
> For theirs is the kingdom of heaven.

Blessed are you when they **REVILE** and persecute you, and say all kinds of **EVIL AGAINST** you **FALSELY** for My sake. **REJOICE** and be exceedingly **GLAD**, for **GREAT** is your **REWARD** in heaven, for so they persecuted the prophets who were before you."

R U R K S H Y D X J C L V L M S E B H T R A E Z L U T V
J N B O C P H V W Q S S E N S U O E T H G I R U F Z C J
N D E R L V R D Y U V V J Y V S P J I H X Y M O U R N I
I D Q V J V B L G P Q N J J P W L Y X U C R K F S F G Q
A Z Z K A V A D R N E Q Z R H E Q M B N A P R R F F S I
Y O F V D E K J Q G X C K Y T S N I A G A L I V E Q E M
G B H B Q T H N G I K W Y X X L A R Q E N W G S T H E B
L Q M E V C K C Q M X N D E T U C E S R E P O J Q A G L
A T S F T E Y E C I O J E R E L L J G F B W C W S G O A
D Y D H E J K M O D G N I K S O N S O F G O D G I H D L
Q K V M P B A C C N N Y I W N D E T R O F M O C A U P V
E A T I R I P S N I R O O P R D K B T I J Q V D K I Y L
L Q R M B M P E B U A J F G Q E T R A E H N I E R U P B
I Y O G N T J I Q B X P N G J S S J Z Q E N N Q F B X I
V L Y R Y W K R R E W A R D N S C R R P G W V N O C A Q
E E O K X I T V W I U Q R Y V E N H E F U R J S Q F C L
R S O T X A U Q Y L Q O M N J L P W C K Y B N V J R S R
O L U F I C R E M Q S W S H F B Y I I M A T I R E H N I
T A A W V N M R G M I H B I T U E T G S O M R F B V A F
L F D W T B R I E O D Z L W V V D D N A D D E Q L Q U Z
O D M A O J Q R C K X L A S K J O Q N Z R W O C H W P
P B E Q C X C M N N E P I I X F T E M C M W V Z A S D K
M R O I T Y T F W D G F J X I X Q M K M E T B Q S E I G
G N K M K K T S R I H T B R V W H O I E T T K K C R P U

The Sermon on the Mount 1

Matthew 5:13—6:15

"You have heard that it was said, 'You shall love your neighbor and hate your enemy.' But I say to you, love your enemies, bless those who curse you, do good to those who hate you, and pray for those who spitefully use you and persecute you, that you may be sons of your Father in heaven; for He makes His sun rise on the evil and on the good, and sends rain on the just and on the unjust."

Matthew 5:43-45

MOUNTAINSIDE	COMMANDS	EYE FOR EYE
SALT	LEAST	OTHER CHEEK
LIGHT	GREAT	LOVE YOUR ENEMIES
TOWN NIV	OFFERING	PERSECUTE
SHINE	ADVERSARY	BE PERFECT
CANDLESTICK KJV	JUDGE	GIVING
GOOD DEEDS	COURT	NEEDY
GLORIFY	RECONCILED	LORD'S PRAYER
THE LAW	OATHS	FORGIVE
ACCOMPLISHED	YES OR NO	

```
Q E A G K E B R K Y M E Y E R O F E Y E J Y B Y Y W F O
A T K D N C Y Q M T Q Q K G I V I N G V Z N G T M I R C
I U E V D B R S R W I I N Y K B L O R D S P R A Y E R K
X C H X G Q Q A E D I S N I A T N U O M H Q J O Q C L R
F E M O E M M L R G G E A H Q P L Q C K O D Y D E E N Q
H S L N S G R T Z K T B D M I K M G C D U Y M T J E R C
X R Y P H B D V R G H C O M M A N D S D B A Z M S Y M M
B E P C T T P U O T G Z M H M D X T T S X T T H E L A W
P P J P A Q K J J E I L G L J M W P D J O A V L A O R S
B W M I O E T N N E L D E G G J V E I W T C B I K V B R
L P N D C A N D L E S T I C K F E J N S W C E W W E P Q
X Y B R V S V G G L O R I F Y D Q P A U K O P Q G Y D H
C Q E M S A M B X Y H K I I D D W E D Z E M E Q P O N L
F Z F S N D M B M L W T J O K V L D E J E P R K D U W D
P A B S O L J N D Q S Q O B S Q B W L Y H L F Y P R N K
N M C M B R T X Y M Z G F T L M S R I V C I E F D E M B
S R Q L S A N Q R S P S F T F Z K N C I R S C R B N N Y
F J K A E D F O A E G Q E H H Q R T N M E H T W V E O M
B S I R T K E R S V T R R B Y K S Z O R H E D G R M I X
U F G M C K I X R I Y L I P N Q S E C Y T D T P L I X G
I I N E Q W O A E G Z P N F F N Q R E V O G G J C E F S
H C N H Q N U X V R N J G S B P L R R H L M S X V S V J
H D B M D M J B D O U A P S H I N E B L Q I F A E E C K
L L B F D Y U V A F I H V C O U R T L R F E P B Q K E S
```

The Sermon on the Mount 2

Matthew 6:16—7:6

"Do not lay up for yourselves treasures on earth, where moth and rust destroy and where thieves break in and steal; but lay up for yourselves treasures in heaven, where neither moth nor rust destroys and where thieves do not break in and steal. For where your treasure is, there your heart will be also."

⊸ *Matthew 6:19-21* ⊸

FASTING	MONEY	ARRAYED
HYPOCRITES	DO NOT WORRY	LITTLE FAITH
SECRET	TOMORROW	JUDGE
TREASURES	TROUBLE	MEASURE
IN HEAVEN	VALUABLE	SAWDUST
HEART	CLOTHES	PLANK
EYES	BIRDS	BROTHER
LAMP	FLOWERS	PEARLS
DARKNESS	SOLOMON	SWINE
TWO MASTERS	GLORY	

```
H Y E D C K A T F E C W B W I F D H A J D B W T T Q W X
T E F P J H C K F O S L R C B F L R B O T R M Y S X I P
N L R B N I D J L I M M O X G J Q Z K J Q O B M U F E T
P B C B O C N Q O C E H A T N X E A D K P T C R D F S O
F U M Q M K Q Z W Q A U D M H D Q A R F R H K L W E M
A O Y L O P X U E K S H A N O E R K I R F E W Q A H Q O
S R R I L F D T R K U Q G N H K S K F K A R B F S C L R
T T R G O P P S S J R G O X N V D M J R S Y L P F X I R
I O C C S G L R K Z E T N E O Q J O F B V Y E H H W N O
N Q Y Q O R K T J Q W R S J S E Z N Q E I G C D M C I W
G E Y U A B C S R O P S N J P G K E K L N R C N X Q Y Q
R X J E Z U J M R A Y E L U X T L Y E G S N D V X O U U
Q S P R K Y H R S H E Q I D Q L A M P I K M K S H G Y U
F R S G P I Y Q L Y F H T G E U N R Q U E V W F O S B N
E E Q F K N P J X Z X M T E N E V A E H N I O A S E V O
N T F M V A L U A B L E L B X Y B N M R X H I I O T K B
I S J S Q C A F U A C Z E K F I Y Q H G P P J D Q I B L
W A U S J P Q A O F N L F E G B T N A Q J U X P J R D A
S M Q Y C R X S Q S R F A Y R O L G Y H U F R B L C F R
W O T J S E C R E T G M I C P R D R C O S Q J H I O X W
G W M N L Q U T E F F L T H S M K Q G F W S P P J P H S
W T I J F R L W J Y D N H X Q I I P L A N K R K R Y V J
G V B O K C H D K P E I G X E U O A L N N T N X P H Y L
L X W C H W S X B W G S S E R U S A E R T Y Y D K H M S
```

The Sermon on the Mount 3

Matthew 7:7–27

"Ask, and it will be given to you; seek, and you will find; knock, and it will be opened to you. For everyone who asks receives, and he who seeks finds, and to him who knocks it will be opened."

Matthew 7:7-8

ASK	CHILDREN	HOUSE
RECEIVE	FATHER	ROCK
SEEK	GOLDEN RULE*	FOUNDATION
FIND	NARROW ROAD	RAIN
KNOCK	FALSE PROPHETS	STREAMS
OPENED	SHEEP	WINDS
BREAD	WOLVES	FOOLISH MAN
STONE	FRUIT	SAND
FISH	RECOGNIZE	CRASH
SNAKE	PRACTICE	
GOOD GIFTS	WISE MAN	

*"Golden Rule" does not appear in the Bible text, but Matthew 7:12 is commonly known by this name.

```
W Y K P N X F F M K D C P X F O O L I S H M A N G S D U
L D C N X P E M V F A L G B Z A B W E T E J O M O X N P
J D Z C W O F R U I T O N A R R O W R O A D R F N S A S
V X J S G V Q S E T O K L C B Q T M O K V P N Q H F S B
M T P H L T V H R D H B F W I S E M A N J W N X Q B D F
T R X E E Y B C G T R C O F S T R E A M S G S E E K Q G
F J W E C R A I O H T S V P N C Q W X V C L S E V L O W
C L Q P N Q F E K A N S T K E Q B O F K C Q D F R Q K P
R D P L E T G F H G Y L W T G N Z U S J R E R H I H I M
S O Q N S B A V X S W F J H L Y E A J E G M K E Z F E U
X Y O R Y M M L S H F I S H K T D S Q N G G C A C M E
V T I R M D S K M A V V E I W P R E C E I V E L I Q B A
S J L K E X O M I F C T Q F I Q H K Y X G M S T V S H C
U R C K O P R D V A E V F F S O Q S R B S E C Z T S F N
H B S H Q P M N M H X L B K U O E P J Q P A Q K A J O V
N J R C I W U I Y P R G U S G V N Q B R R F T R B R U U
B C E E M L W F I L P B E R D R E U O P P J C E G E N F
R E C U A W D W R E H T A F N B Q P V V C D J R M T D Q
H S O A Z D Q R R L N X L V C E H B H D H T B N G N A F
E F G K G L X O E M W S S D Q E D J W K B K G S K K T Y
Q K N B Y P C J S N L D J R T A N L C G F L D N O E I H
U R I A R K S K O J N C V S N I I O O V P N Q S D L O Q
W V Z R N K D J F I K W V Q A N N D Q G H P S H N B N E
P X E V Y V L R W W K J D R N K J X Y M G O B I X F A V
```

24

The Lord's Prayer

Matthew 6:9–13

Our Father in heaven,
Hallowed be Your name.
Your kingdom come.
Your will be done
On earth as it is in heaven.
Give us this day our daily bread.
And forgive us our debts,
As we forgive our debtors.
And do not lead us into temptation,
But deliver us from the evil one.
For Yours is the kingdom and the power and the glory forever.
Amen.

OUR FATHER	GIVE US	INTO TEMPTATION
HALLOWED	THIS DAY	BUT DELIVER US
BE YOUR NAME	OUR DAILY BREAD	FROM THE EVIL ONE
KINGDOM COME	AND FORGIVE US	FOR YOURS
WILL BE DONE	OUR DEBTS	IS THE KINGDOM
ON EARTH	AS WE FORGIVE	AND THE POWER
AS IT IS	OUR DEBTORS	AND THE GLORY
IN HEAVEN	AND DO NOT LEAD US	FOREVER. AMEN.

```
C G V F Y C Q L B U T D E L I V E R U S V X D N D D G O
I F O R Y O U R S X R W D W X H B O E N L F M W A C X A
P C F N C W B H L A R L U I H I Q N G R I X M E U T R N
E H B K Q K X X U E X B A L A T G O P O R W R C P D G D
K I N G D O M C O M E Q W L Y Z R N D L U B H K I T V D
Q M O D G N I K E H T S I B P A B A F P Y G K O M G K O
N I I W C W R O E F N T L E D K R R E L C T P N F R L N
O E Y Y Q S I T I S A U V D Y V J H I N J R E R J S F O
I U N R K R S Y P P C V Q O X U X A N H O V O U W T N T
T X D J X L B Q A O H V G N J S D R S Z A M V D K B I L
A X X V O V D C W D B B H E B R L R E E T E K C N E L E
T P F U V E Z T V L S J E Q U A B J H H W L X E P D C A
P Q M T J Q T M A J T I V O N O I N E C T K M N E R Y D
M E M A N R U O Y E B E H D B T I E N T Y A Q G S U J U
E A L U O N A H M X V V F T V E V C Q H R A F C J O G S
T D Q N P V S L W I U O O T M I Q J L E J M D R V Q H R
O E A O L R H J G X R Q F T L W B A V W V J A L U S Q S
T W S R K R S R S G R D E O S K Z E O U R D E B T O R S
N O H G U X O E I E K Q N X R U R J M P B C O N C C Q F
I L Q G H F V V A Y O E B G Y O E B I N T T B W F I Y W
R L A J E Q E T Q P I Q R B F G D V P Y N B D F U O R R
H A R W C U H D M P W G D H Y F X F I F Q X W B Y Y B J
E H S T S N L C P E H Y I B Y R I H Q G N D P D R P S O
V A W V V R R E W O P E H T D N A A N D T H E G L O R Y
```

Do Not Worry

Luke 12:29–34

"And do not seek what you should eat or what you should drink, nor have an anxious mind. For all these things the nations of the world seek after, and your Father knows that you need these things. But seek the kingdom of God, and all these things shall be added to you."

Luke 12:29–31

DO NOT SEEK	DO NOT FEAR	NOT GROW OLD
EAT	LITTLE FLOCK	NO THIEF
DRINK	PLEASURE	APPROACHES
ANXIOUS	TO GIVE	NOR MOTH
MIND	KINGDOM	DESTROYS
THESE THINGS	SELL	WHERE
NATIONS SEEK	GIVE ALMS	TREASURE IS
FATHER KNOWS	PROVIDE	HEART WILL BE
YOU NEED	MONEY BAGS	

```
V Y C G I V E A L M S D X C I J U L F X R D L T M U M W
E A I I M V X O X J K P R O V I D E M J K Z R W E T N O
M F V S F O K S Q D E S E H C A O R P P A W M S K X O H
V Q R H H A D E N K B J X V M S G A B Y E N O M Q L K E
N P A S N W J G E Y E I N C C K T Q X T X M K F G W E A
L N E B C D L T N S J F E A Q G S L N N P R B R L W E R
C P F R K E E X P I T U F Q H S G S V H V R T F W X S T
T D T G E H V L J Z K O U D E W H E Q S U O I X N A S W
X L O Z U P E I L D T Z N X A I E N A Z Q R G S Y G N I
M H N X I A M I G H N G V O N C K R M T C N X C W D O L
U H O Q S E T R E O N I S T D R Q O E R Q B D S L W I L
R A D U Z Q Y S G T T Q M W C N N F Y H N J W O U L T B
L I R C X O E X P R G V K I O F V X W O W J D G A E
V E B V J T V B M Q N S D Y W F P Z T S N O Y E K T N A
G P F M H B R E J A C P G N P K L R I K R V E Y S K Q E
W L H I Y E R N K W M P G J K N Q E R G W N U E W H S M
P M N S L P F K Y C Q I P C O S R E T A U O L C M M Q P
F G D P K H A A N U A C G T J U H O Q O G L X O P Z M F
S V T N B G Q M Q V R S H K S T N U Y J W K Z C B O F M
G B I I F F L Z U P L I X A A H K D E S T R O Y S G K C
J R Q N R X C H Q H E A E F S V P M N Y H R B I R A K B
D E B C G M V X P F N R G K C O L F E L T T I L R K B V
N D T Q X K R P F D T W X R S F R J J F M D W A A E L C
C V I T N O R M O T H D W K E X X A B F I O V X I N D E
```

Parables of Jesus

THE SOWER
Matthew 13:3–23

"But he who received seed on the good ground is he who hears the word and understands it, who indeed bears fruit and produces: some a hundredfold, some sixty, some thirty."

Matthew 13:23

FARMER	WITHERED	UNDERSTAND
SOWER	THORNS	WICKED ONE
SEED	CHOKED	SNATCHES
WAYSIDE	GOOD GROUND	PERSECUTION
BIRDS	CROP	STUMBLES
DEVOURED	HUNDREDFOLD	CARES
STONY	SIXTY	DECEITFULNESS
SPRANG UP	THIRTY	UNFRUITFUL
NO DEPTH	MYSTERIES	PRODUCES
SCORCHED	SEE	GOOD FRUIT
NO ROOT	HEAR	

```
D L U F T I U R F N U H P H J K R V I U S I G T B K D G
J B M I F A R M E R Y D E R E H T I W B T W X O I R Q J
H E E Y K J I C M I M L D S N A T C H E S M H O V D S Y
Q E P B D M Y S T E R I E S D S N R O H T Q J R F P K
B Q F D L Z O D F P B T I V G U W V S E E Z R O Z S Z P
B Y A Q O C E N O D E K C I W Q I G Q S R B S N S B F Y
C X R R F W C W W Q M S Q D R T H P Z H P L P E F D V L
R C W J D V B L T M T F Q A W P Y O X M D C N A X H W O
O Y N Z E J Y L H O Z A E U C G P Y S R C L O N X H D B
P X C K R Y W T N Y Q H X P D D X E F H U Z J G G E B I
I F S Z D Q B Y X N S T S X T C G L O F Y S Y X V L N R
O W T K N S D R V I H R D B K P I K T R P O L O P C X D
K J U S U D F S E I S J S E V Q E I X R E G U W U S J S
G P M O H V H T R J J C D O K D E I A K J R R A J V A B
O F B D S R Q T S I O I Y U A C F N W D E S M X F U A G
O P L P Y B Y Q W R S K N S E Y G E S D Q N H G V P P P
D L E R Q X T Z C Y E D T D Z U U W E L M E J O J K F C
F G S H P L J H A U E J Q Z P W Z W R I O J L P R U Q W
R R S U J N E W Q R L D E E S E S V A K K N J D X F O Y
U X M F G D R A S D X U W R E W O S C Y R O R F Q L T P
I U E W M V B T L M T Q F M S C V R J L L N O D E P T H
T D T K S Q A G S S E C U D O R P U V U I U Q U O S Z A
A J F F N N I S Z N O I T U C E S R E P K O A R V U C D
Q V K K D G F C W P Q L J Q I D N U O R G D O O G V I B
```

27

Parables of Jesus

THE LABORERS IN THE VINEYARD
Matthew 20:1–16

"But he answered one of them and said, 'Friend, I am doing you no wrong. Did you not agree with me for a denarius? Take what is yours and go your way. I wish to give to this last man the same as to you. Is it not lawful for me to do what I wish with my own things? Or is your eye evil because I am good?' So the last will be first, and the first last. For many are called, but few chosen."

Matthew 20:13–16

LANDOWNER	MARKETPLACE	EQUAL
EARLY	NOON NIV	BURDEN
MORNING	THREE NIV	NO WRONG
HIRE	FIVE NIV	AGREE
LABORERS	EVENING	LAST WILL BE FIRST
VINEYARD	STEWARD	FIRST LAST
DENARIUS	WAGES	MANY ARE CALLED
NINE NIV	COMPLAINED	FEW CHOSEN
IDLE	ONE HOUR	

```
L K Q U L F Q N D P Y M L W O Q X V F C I Q M P X C I G
A X R W O X F N C L K B I K U D C Q S R E R O B A L N T
S W L L X B R X S C N A W B V I V K V G B Q G X Z I C W
T W H T H R J U U B P W Y Q I P E C A C O Z F F N N X H
W A V P S P N Q V D G L R Q X O U Q C R U O H E N O F U
I G S Y W F X L V N D A X R N N Q C F C I Q V M F Z N C
L R F D M P X F I H Z N L M U J M I O B Y E C X D W L P
L E N Y I P A N A S L D K Q V D J M N S L T Q H M P V S
B E F E B J R H R P H O I O B E P Y L G R T W P J M V S
E Z C X D O V B A V V W G J Q L Q D E N A R I U S H P V
F S Z A M R F I S Y C N D C A O E X K Q E M N O O N Y U
I R D C L L U A N Y X E Q I H G S Z B X X U Q I J M M Q
R V J K A P P B Q E S R N U C P R J H N E E R H T W X N
S E P U V U T V X L Y E Z H C D Q T K B C E O Y L A D A
T S Q Q H I U E P F D A Q B J S S J Y V R R L R R G Q S
J E D C N P M C K K B Q R C K A R K C T M U N D Q E G R
A F X J E S Q N I R J V G D L U K L P O Q V B I I S D D
X Y X Y S V C E J E A E B T J I O W H E G S L W R D N G
D I Y Q O E X Q N R O M S B O Q G X I K T T L P A Q O F
K J V R H J K I C P H R K A Q Z W Y R F W F R M L U W L
W P G V C Y N Q K Z I D N X P P T L E O G Z Y S D Q R P
D M T I W N X H E F L B X Y B D N C X V V E V I F V O B
W H J K E K S T E W A R D E L L A C E R A Y N A M Q N L
W L O H F F A C I F C W P U K E N Q U K K R M B V H G T
```

28

Parables of Jesus

THE TALENTS
Matthew 25:14–30

"So he who had received five talents came and brought five other talents, saying, 'Lord, you delivered to me five talents; look, I have gained five more talents besides them.' His lord said to him, 'Well done, good and faithful servant; you were faithful over a few things, I will make you ruler over many things. Enter into the joy of your lord.'"

Matthew 25:20–21

TRAVELING	GROUND	HID YOUR TALENT
FAR COUNTRY	HID	WICKED
SERVANTS	RETURNED NIV	LAZY
FIVE	SETTLED	OUGHT
TWO	ACCOUNTS	DEPOSITED
ONE	WELL DONE	BANKERS
TALENTS	GOOD	RECEIVED
TRADED	FAITHFUL	INTEREST
ANOTHER FIVE	RULER	CAST
LIKEWISE	MANY THINGS	DARKNESS
TWO MORE	HARD MAN	
DUG	AFRAID	

```
U L Y L C P Y R T N U O C R A F F X H I B A K D T R X T
Q U T X Y P T A L E N T S L F T R U G J N L E K U A P Y
H I D Y O U R T A L E N T K V A Q R T O G T N F M I M U
X S A E D R H C F D E D A R T D I H T R I T Q K U X O U
X F J E S M L A Q U J D Q C F R P H E S Y H Q L F R I I
S K T H G U O S Z W P W Z R S B E Z O T I C D N U O R G
L G J J C N Q T D T B B W F S R Q P X I O R N B V T Y B
W M A N Y T H I N G S I H F F D E H Y I N R X K W U U W
V L I K E W I S E J C M V I P D U S P Q E L H O J C E T
J P S Z D M R J I K B E V X W G P T Y L P S M F J X U N
Q I W A E G C J E K L E A U B E D F U Y K O E R B I T L
I B R C V Q Z D C R Z U B Y D J L R F S R T Z T M J D S
Y W U C I I W C J T M X E B E J M L F E D G R J T Q N U
P Y V O E W Q Y D E N R U T E R W U D V O F X A G L L D
A J T U C L S S B B H W V W Y I S W P O A O Q T G J E F
K H W N E L E Y J K A W X R O C Z W J I N F S N T Q G D
G M G T R R R Q D X X N S G R X G S T O I E I B V Y W T
B H D S V J T A L H U A K C J G Q H R C R L O C S D O X
N B P A E Q R Y A U V D I E O V F N F E E Z R E Y I W X
U D N Z P K W I Z I U Z Q O R U C X T V G B I S K D G E
J T X K N G M G Y G L X D Z L S Q N A D J F Q C Z Y V A
S H W E V R Q B Q A F R A I D W I R H A O N X S Q I B M
Y J S V N A M D R A H O J C Z E T S T Z W R R O F X X S
K S V R N G S E Z I M G J L Q I H R Q R T N J Q E R R Y
```

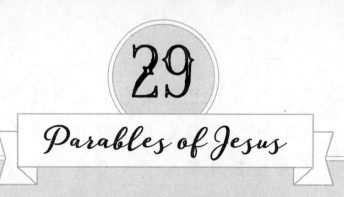

Parables of Jesus

THE GOOD SAMARITAN
Luke 10:25–37

"So he went to him and bandaged his wounds, pouring on oil and wine; and he set him on his own animal, brought him to an inn, and took care of him. On the next day, when he departed, he took out two denarii, gave them to the innkeeper, and said to him, 'Take care of him; and whatever more you spend, when I come again, I will repay you.'"

Luke 10:34-35

MAN	PASSED BY	DONKEY NIV
JERUSALEM	LEVITE	INN
JERICHO	LOOKED	TWO DENARII
THIEVES	OTHER SIDE	INNKEEPER
STRIPPED	SAMARITAN	TAKE CARE
CLOTHING	COMPASSION	REPAY
DEPARTED	BANDAGED	NEIGHBOR
HALF DEAD	WOUNDS	SHOWED MERCY
PRIEST	OIL AND WINE	DO LIKEWISE

```
N N J W N X M U P Q R L Y P X C D U Q J O Z E A D L U T
G Q R S E S I W E K I L O D I I R A N E D O W T R V N J
W Q O V Q J O N A T I R A M A S D A Z A S L U Q I R W W
I B B Y J A S B T R M X D W Y J E L X S D N U O W B L G
H X H U L X E I K D J E D W Y Q T V R M U N P D L P W P
B B G Y D R P W L T Q P Q P P Z R E I Q J N P Y C F W
Y D I J N U D U Q R X J V C H G T T Q I Y M Q E Q V E I
W O E T U F I D A C Y U G Q V B Q N Z X H K T S C J B V
O N N Y Q P M P C O M P A S S I O N X A N T C E F W I A
K K P B S T E D M I D P L W E K D A E D F L A H F X C L
F E L D N D S X Q H J J Z T R O Y V E Y S M T Z Y X V A
R Y O E Y N R H M E L A S U R E J M U O Y S Y J P B T I
L E O S C R E N I W D N A L I O I O P P S E Q S E D L G
Q R K S F Q S Q H N Y C O L E V I T E G V U J Q Y O R L
T M E A I N N K E E P E R Q V A R D J X S Y J C T D V C
A K D P V G R Q X V Z C L O T H I N G T Q E R H J M V Y
K A S F D Y I T X U Y O R P R K M Y R C R E E Z N Q A U
E N N I Q E W R R Y E C L U R W Q I W I M R P H K P M N
C E Q E B H G K C R F Z H F X S P Q C D S S R I E R W V
A N G J L D J A D K U Y T C C P V H E I X G I R Q P V T
R U Y M J V L M D B S D M F E J O W D J Z W E Q O F X S
E Q W G U E C L R N O C N D Q D O E B Q T Y S S X V B Q
R L N R N N L P C J A X L D B H F R R T B F T A A Y J G
M J D Q V H B Q A E U B G L S O W U Y Y E W C Z M N K A
```

30

Parables of Jesus

THE LOST SON
Luke 15:11–32

"And he said to him, 'Son, you are always with me, and all that I have is yours. It was right that we should make merry and be glad, for your brother was dead and is alive again, and was lost and is found.'"

Luke 15:31–32

TWO SONS	CAME TO	BEST ROBE
YOUNGER	SENSES NIV	RING
DIVIDED	FATHER'S	SANDALS
ESTATE NIV	SERVANTS	FATTED CALF
JOURNEYED	HAVE ENOUGH	BE MERRY
FAR COUNTRY	I PERISH	WAS DEAD
WASTED	AROSE	IS ALIVE
POSSESSIONS	GREAT WAY OFF	OLDER SON
PRODIGAL LIVING	COMPASSION	ANGRY
FAMINE	RAN AND KISSED	PLEADED
FEED SWINE	I HAVE SINNED	WAS LOST
PODS	NO LONGER WORTHY	FOUND

```
F A T T E D C A L F O H C M I H A V E S I N N E D K S W
S O C Z S H B B E M E R R Y Y U Q V X Y F D L L K S N O
Y H T R O W R E G N O L O N L A A I S A L I V E I F O L
Q F E O C T S O L S A W Q B D J E P C T Z W Y L Q C I D
N U I J Z V C Q A R O S E C E R S F O U N D Y V R V S E
W H T P O R I W S Q R Z H G U O N E E V A H T O A Q S R
R M T Y E U J D E D I V I D W P J U R G C J Y Y J J E S
K H W L V R R L D V L S B X C R B N P G N J C F Y A S O
M E U Y G M I N M S A N D A L S W B N Y Q I W B F I S N
C L B Q R T Q S E N U W N E P A V I N F Q G R S Z Q O J
T F P O V T E J H Y J U S C S Y V I E O M B E V T V P Y
R F T L R R N V U M E T V T S I M E C M I N W Y G F J K
L O S W G T F U Y X A D E P L E D R Q N S S T N H H A N
S Y V D Y M S Q O T B D Q L L S R X C E M I S H W W D K
C A I P O K Z E E C Q T A Q W E U V S V X I A A X N N B
S W D C P P S A B J R G T I X H A F A S R Q U S P K J L
Z T Q O V E C H R R I A N C I W U D S N L E T F I M T A
Q A J Q F Q X K W D S E F Z X E B Q E R T X G Q M I O V
M E Z Y A H L A O N D G K B Y S X K P D E S Y N J N C C
A R L Y W W S R O S N F A M I N E J N P X H K G U Z Q X
S G G T R D P S Y N I O X G W K A Y T K J N T D J O V K
O Y G M E G O X M M D E S S I K D N A N A R X A Y U Y H
C I R A J W N F J C A M E T O A Q K Z Q A H R J F S F S
V C D Q T V M A D G N M O U C P G B C S Y L B Y D C Q J
```

31

Miracles of Jesus

JESUS TURNS WATER INTO WINE
John 2:1–11

And he said to him, "Every man at the beginning sets out the good wine, and when the guests have well drunk, then the inferior. You have kept the good wine until now!"

John 2:10

WEDDING

CANA

GALILEE

MOTHER OF JESUS

DISCIPLES

RAN OUT

WINE

MY HOUR

NOT YET COME

WHATEVER

HE SAYS

DO IT

SIX

WATERPOTS

TWENTY

THIRTY

GALLONS

FILL WITH WATER

DRAW SOME OUT

TAKE IT

MASTER

TASTED

CALLED

BRIDEGROOM

YOU HAVE KEPT

GOOD WINE

UNTIL NOW

BEGINNING

SIGNS

MANIFESTED

GLORY

```
D F H B Q J S F Y N S W E V F I R H E S A Y S K R N D E
S R M Y S K B I R L H L Y Y I C E Y U S X G Q Y U P D N
W D A P L I V F G A Q D O X U A D D O I T Q C L W Y Q I
W Q Z W N J I W T N E P Z I E N J B E G I N N I N G O W
H D G I S C Q E U L S O G Q P A G K K T Q V H Q L J R D
H F L R X O V W L I R S N R Q R G K K N Y H A X A W B O
J I O H A E M A Q L Z C I M O T H E R O F J E S U S R O
P L R R R N C E A I X H D T I H J S T O P R E T A W E G
Q L Y N S U O F O A Q J D U A W T T V J P N H H Y Q T K
P W F D Y W N U I U H D E P R Z T D T S H B V J Q E S W
P I M N F T V W T E T X W I S M B A H S M N M R I M A L
H T B O R J N R C Q B P H M L W I V S L B Z M H A O M J
J H Y J O D C E W I N E J K Y E V Z Q T G W A Z V C X E
M W S G C R I C W F Z D Y Y X A M M K A E I N C W T B H
G A P R F C G L N T D X A I Y V V W L M N D I T G E C Y
E T C X J K Y E R H Q E S T Z U P I W W B U F Y W Y M C
C E D L C D P R D K O V V M D E L Q H T D S E F F T S F
N R B G Y I L S D I S C I P L E S G I M C Y S U J O I M
C Q A P X O R M S G R S F Q E D G V M I W L T L W N V K
K U O Q T I E K A T P B B E U X L I Q Y X E E C H T J S
G H S N K B Z K Q X X H X L J K U J X C H K D Q L U T N
L S N O L L A G T P E K E V A H U O Y L R O G T L Q D J
D R H D Z J U N V Y D Y T R I H T J E B I H U W B G Q R
V X S W O V W O N L I T N U N J I M P U C S X R N G O R
```

32

Miracles of Jesus

THE CENTURION'S SERVANT
Matthew 8:5–13

The centurion answered and said, "Lord, I am not worthy that You should come under my roof. But only speak a word, and my servant will be healed."

~ *Matthew 8:8* ~

CENTURION	AUTHORITY	ABRAHAM
PLEADING	SOLDIERS	ISAAC
SERVANT	JESUS	JACOB
DREADFULLY	MARVELED	GO YOUR WAY
TORMENTED	HAVE NOT FOUND	HAVE BELIEVED
I WILL COME	SUCH GREAT FAITH	LET IT BE DONE
AND HEAL	IN ISRAEL	WAS HEALED
NOT WORTHY	MANY WILL COME	SAME HOUR
SPEAK A WORD	EAST AND WEST	
UNDER	SIT DOWN	

```
W Q I D Q S P E A K A W O R D N I I P K T U N D U A X L
B E N O D E B T I T E L L K M Y S N V Q S U H R L S O V
H A V E B E L I E V E D B J R L B I I D M E Y R K E H M
Z Q C J L Q X A X G G S E U J L H Q T S H A I Y T R J U
V A O R T S N P C B W S O A W U Y J W D R U S G H V V J
T F H C R D T N K D U H P B Q F P A X Q O A P Q N A Q Z
C H H D H A J S P S E I R L A D H L W C Q W E W H N A Q
R M A E Y V K L L M V J U B H A P J E R F P N L P T T B
M A A L Q I B K A V S V R M J E S X Q A U Y X J Q Q F W
O L H A Z M J S J B L A L C M R B D X N D O Q T D Y O A
R P A E X Y T I R O H T U A M D P W P H G I Y E X X N E
Q G V H S K D Y F A J J N O T W O R T H Y K N O S Q H E
P J E S O B E C M H I V R C C F E F T L Z M X G G K M D
D Q N A L O T N D O T W I E I C E S E P G A W D W O E T
A Z O W D C N N Y C I G U N Q A Y K N K G N J E C Y I S
K U T M I A E D I Q F Y Q T R A O U J X I Y V L U R B E
W D F X E J M Q G R G T K U I S W W L F J W L E V B K W
A Y O R R H R A J Q H W S R E I C R E N Q I B V C L G D
F U U T S K O T E L T L R I F B R H L U W L S R Q J D N
R W N X K M T S K C I J G O E G J E T I Q L F A F G N A
Z I D W V J M Y A F J Q V N L X T J D G J C G M R K C T
O J F N Y H T I A F T A E R G H C U S N X O M G O M B S
B I I A C G O S M V N O J R H O J W U Y U M O C S S M A
P Q N H I Y F I T K P L M E D F X X F B U E V U Q C C E
```

33

Miracles of Jesus

JAIRUS' DAUGHTER
Luke 8:40–42, 49–56

But He put them all outside, took her by the hand and called, saying, "Little girl, arise." Then her spirit returned, and she arose immediately. And He commanded that she be given something to eat.

Luke 8:54–55

JAIRUS	DEAD	PUT THEM
RULER	DO NOT TROUBLE	OUTSIDE
SYNAGOGUE	TEACHER	TOOK HER HAND
FELL DOWN	ANSWERED	LITTLE GIRL
BEGGED	DO NOT BE AFRAID	ARISE
DAUGHTER	ONLY BELIEVE	SPIRIT
TWELVE YEARS	MADE WELL	RETURNED
DYING	ALL WEPT	AROSE
SPEAKING	MOURNED	ASTONISHED
SOMEONE	SLEEPING	
CAME	RIDICULED	

```
D H T I R I P S D O N O T B E A F R A I D R W K M Z O B
U Q G F D K Q V F O Z O B W K K T Q I N C N E G N M C R
U D D K W T A L Y J D K N D U W T F D R E T U R N E D U
L D V F W H L D V D B E G L M M Q D J R K A R H T R B D
E N U P H L L K B I L M L N Y P V A E Y Q C X U V T Y N
A A Q U G N W X Y I Y S R U I B Q E Y A U D K P L I R T
L H D T F T E K Q L M Z E Q C K E S P Z D D X G N E Q S
W R A T Y Y P L B C P S N R K I A L U T V G L G S B R H
H E U H G V T P J D Q R O W G Z D E I G Q G R V J M Q L
I H G E I K D N R X A Z E E O J M I P E M D C B P X K I
W K H M H Q V Q J U M E M D M D Q E R S V Q X L S U T T
Q O T T E A C H E R U W O I D C L E Q G U E L W D T Y T
T O E D Z P S L M G F Z S S B Q I L H Q F W V E D D K L
W T R I S H Q I O R N V F T R Q G M E F L B N N O V L E
E N W C A M E G A J Z I M U Q R C V U F K R X N T L N G
L M O A Q T A L S W Y C P O Z E S I R A U I O T F L N I
V G D A V N K L T I V X I E G N P G V O Y T X S W T H R
E F W N Y B L V O B F P X J E E X C M T T D P H S G C L
Y I D S X E B F N S U R I A J L T D K R Q E B K H B Q E
E Y J W W F Q E I G G F Z Q O D S H O M N G P N J Q Q S
A Z Q E J D Q H S S D C N X E D V U B V K G Q K Y U C O
R L D R P M C L H P W K N P N J B C R N C E Y V M D P R
S A D E K K Y B E L Q C V X Q L Z L M T Q B O V D G T A
M A H D Q S D S D I I Q N L E R B H F C C L E S F Q Q V
```

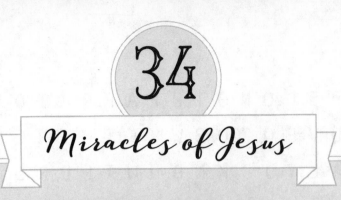

34

Miracles of Jesus

A WOMAN IS HEALED

Luke 8:42–48

And He said to her, "Daughter, be of good cheer; your faith has made you well. Go in peace."

Luke 8:48

MULTITUDES	BORDER	FALLING DOWN
THRONGED	GARMENT	DECLARED
WOMAN	IMMEDIATELY	THE REASON
FLOW OF BLOOD	STOPPED	DAUGHTER
SPENT	WHO TOUCHED ME	BE OF GOOD CHEER
LIVELIHOOD	PERCEIVED	YOUR FAITH
PHYSICIANS	POWER	MADE YOU WELL
TOUCHED	TREMBLING	

```
V I D T A V R K S F J Q F F D Z M R D L V A X Q M P V R
T A N M D Y Q H Q T J R D D O J K S E R M K X P A X Z E
X Q M W E H Y G X R M X E G V F G T V N S V L K D F U T
Q W H Q O D V K F Q F V K D Q L Q L I Y V M W K E L Q H
Q D N P N D L S V F J N M W R A K V E G Z J M S Y O U G
S K K P H T G H C S A W M P I O G E C L C K R T O W I U
L L H G Q Y L N W O J A D J W X B U R W R D W H U O Q A
L H T L S P S Q I H A H R T O G Y U E D J H L E W F E D
Y I T J M Z Y I T L D Q E J M L I Y P R S F N R E B Y R
S Q R I J L O W C X L T D O A U L P L Q X X I E L L B H
R T Z M A T Y N Q I Z A X G N L N F L E O Q J A L O Z L
P E O O U F W U P C A F F P J U R S W I T K Q S K O E G
O X E P V L R B S P Q N P L R E W O P F V A W O Y D G C
A C I H P J T U K G R Z S N E X U C M J A E I N T Z K I
U Q P N C E V I O H T R E M B L I N G D Q Q L D Y S P O
P S T S C D D L T Y P W N F J Q C T G W M M G I E L L C
N W G I P M O G L U D C S R N L I H G A M K O X H M I U
M U O H X E L O X T D Q R E N P B R Z Q R J Q H Y O M V
U U N U F S N Q G M B E Q M D H B O C R B M O I M I O I
L A M A V K O T D F A H S P I X R N Y A L R E R H T O D
A Q K H A O Q I R Y O M M I T S U G J L C W Q N J W T J
I C Q D E H C U O T P E V P Q O V E Y V U N H A T M R B
Q V D E C L A R E D K A B F P P I D G E V O Q T P X Q L
Y R V I G X M Z A F U E E M D E H C U O T O H W C J H T
```

35

Miracles of Jesus

A MAN IS HEALED AT THE POOL OF BETHESDA
John 5:1–9

The sick man answered Him, "Sir, I have no man to put me into the pool when the water is stirred up; but while I am coming, another steps down before me."

Jesus said to him, "Rise, take up your bed and walk." And immediately the man was made well, took up his bed, and walked.

⊰ John 5:7–9 ⊱

SHEEP GATE	ANGEL	THIRTY-EIGHT YEARS
POOL	WENT DOWN	JESUS SAW HIM
HEBREW	CERTAIN TIME	RISE
BETHESDA	WHOEVER	TAKE UP
FIVE PORCHES	STEPPED IN	YOUR BED
SICK PEOPLE	FIRST	WALK
WAITING	MADE WELL	IMMEDIATELY
MOVING	CERTAIN MAN	TOOK UP
WATER	INFIRMITY	WALKED

```
G Q T Q Z F X L M V N T E L P O E P K C I S N G U E J E
K Y X Y P I X C K T S B N C K P M N E O S V T F C O M I
A G L W C V S W X Y R F H V L S P N X F Q V W J L I W M
H Y C F L E N P S X K P J P X T B Q E P D S J X T Q R M
X E W Y K P Z F Q N C N W C Q E R L L B L J L N V C G E
X Z J T D O Q B E T H E S D A P R G G R M D I H J E G D
G P M I E R M A D E W E L L D P R S Y N B A I O Z R M I
D D Q M K C Z X T F V Q G W B E J N J J T C A L Z T Z A
K E F R L H V A I Q R W S V Q D X G E R D O W A Q A M T
I B C I A E O P V R Y C N E I I P K E A W A U C B I I E
X R H F W S Q O D M X W X K G N D C T I I G T B L N H L
T U D N R Q M F V Q O G M J G H U S D T D D E T J M W Y
A O J I L O Q Q O D K V H N B V J O I T C K F S P A A S
K Y K H Q D L Q T Q O N Z P F B Y N R K X C A D Z N S H
E T E X R O H N K X F Y X R V L G D S R N L Y A A W S E
U V R O O A E V Q E U Y K D F I R S T C V L J X R Z U E
P F S P I W R N Y X J O V Y R J Q Z D P W H G C E B S P
O G B D A I Z S J W H O E V E R G G W A L K I O T P E G
T H Q Z S V L E G N A S F K A Q L K P U K O O T A K J A
J Y M E Y E D V M Q L H J Y Q Q F O S J U A G Q W X N T
K M W W M P O R R W S V H B F S D C H E B R E W I X E
W C N F L X C P H D D N L S P X P B U R Q G S V I G Q E
B T H I R T Y E I G H T Y E A R S W D Y P P N K I Q D Q
M C J S O I V I O T M M O V I N G B A Q G P I Q V E G X
```

36

Miracles of Jesus

FEEDING THE FIVE THOUSAND
Matthew 14:14–21

And He took the five loaves and the two fish, and looking up to heaven, He blessed and broke and gave the loaves to the disciples; and the disciples gave to the multitudes. So they all ate and were filled, and they took up twelve baskets full of the fragments that remained.

Matthew 14:19b–20

JESUS	BUY FOOD	GAVE
CROWDS NIV	YOU GIVE THEM	ALL ATE
COMPASSION	FIVE LOAVES	FILLED
SHEEP Mark 6:34	TWO FISH	TWELVE
NOT HAVING Mark 6:34	BRING THEM	BASKETS
SHEPHERD Mark 6:34	COMMANDED	FRAGMENTS
HEALED SICK	SIT DOWN	FIVE THOUSAND
EVENING	GROUPS Mark 6:39	MEN
DESERTED PLACE	HUNDREDS Mark 6:40	BESIDES
LATE	FIFTIES Mark 6:40	WOMEN
SEND AWAY	BLESSED	CHILDREN
VILLAGES	BROKE	

```
E R H S X S M Y N S F I V E T H O U S A N D U Y S E Y J
G J F Y G J P J W D D V G U S W N E R D L I H C U W O X
V K A X T M T D S X R N F N T K Q I P J R J Y J S Z U B
B T P U L D W D A E E O E C I H U N D R E D S P E K G K
X R F Y G Q B H V L H U V M X V C U G M B N W Q J S I S
S L I G I X V L Q G P O U P R T A K W Q C B C K J H V T
E H M N X T E C R I E P Q X B Q C H R X R W C Q B D E N
D X T R G W E Q Q E H D Q W O J Y K T M F I K Y H E T E
I N B D T T C M H S Q W V K M R S Y O S Y F E K S H M
S B L O N W H P A U T P S A W O M E N D N K B T H S E G
E Y K O O Q V E G L X J Z P N P D Q E T O Q L A X E M A
B X Q F D O I B M R P S S E V A O L E V I F B L Z L M R
X H I Y M W Q S P W H D X N U U A L A Z W T N L U B J F
U S B U E X E G T E B M E L O E D J G P P L T A V J H B
H S N B D W K Q E E V Q M T H I W Y G S E N D A W A Y T
O F H Y C Z O P Z Q K K J D R S S N M Q F Q Y F R G M M
M C U Q D N R S C P O S P L V E E S E P L J V L R N C J
G P I K C Q B P K Y Q Z A M Q G S G A V S H X D L I Z X
T W Z S R T Q U P W F U H B M R E E A P A F F V F N W K
S I T D O W N O C O M M A N D E D Y D L M G S N I E L O
C X E D W H D R F J C S S E V T M O Z A L O M T L V U F
Y C C P D B L G K F I F T I E S B J F G L I C V L E R U
L M P B S X K J Z K Q A K B M P Y G S P J C V X E B M F
Q U H S N M Y X C S L P M W S F U O H R X Q K G D L J X
```

37

Miracles of Jesus

JESUS WALKS ON THE WATER
Matthew 14:22–33

And immediately Jesus stretched out His hand and caught him, and said to him, "O you of little faith, why did you doubt?" And when they got into the boat, the wind ceased.

Then those who were in the boat came and worshiped Him, saying, "Truly You are the Son of God."

Matthew 14:31–33

JESUS	FOURTH WATCH	BEGINNING
MOUNTAIN	WALKING	TO SINK
PRAY	TROUBLED	LORD SAVE ME
ALONE	IT IS A GHOST	REACHED OUT NIV
DISCIPLES	BE OF GOOD CHEER	CAUGHT HIM
BOAT	IT IS I	LITTLE FAITH
SEA	PETER	WHY DID YOU DOUBT
TOSSED	COME DOWN	CEASED
WAVES	WALKED	WORSHIPED
WIND	BOISTEROUS	SON OF GOD
CONTRARY	AFRAID	

```
K R V A B B O I S T E R O U S N O J S X Y S P H A I V Q
E D Z O S Q S Y Y D E P I H S R O W C O H N K J P C F R
A D K O J E X Y H Y B X N D I M J M H A G R V H O Q O T
Y U X F A A C Y G O V H I O O T L N X G U V E N W G Y F
D U O U D Q L Z A Q W Q A G Q E I B J R G G T T R X U O
O Y R L Q Z E T V O H Z T F K C M S F N J R H Q E D F C
B K P R G D P J H C Y J N O B R R Q I J A F K T J P X M
Y T D W F P S D Y Q D T U N Z Y B K D R E L Y H H L G A
Y V E S I Y S F U U I E O O F S L H Y P O B M S M I P D
L L L Q P H Q C P R D M M S K A S Z X R C Q M C A N M E
G W B J H D E P R A Y M O U W Q E K D B N F U V Z L O K
G L U R V E C Q Z H O S G G Q K V S B E G I N N I N G L
D Y O P E S F S X E U F D S U L A E N Y E C C H I W V A
O V R K T A Q Y S S D F L E F V W H C M W I N D B O C W
W J T D J E C G E V O J X D E J F T U O D E H C A E R D
D L Y E T C F J C A U H H M Y B E L W J Q F D I A R F A
W K A S Z O N L K X B N E T V A I Q S P N C E A D C Y W
T S K S U F S W E Z T T S O H G A S I T I E D O Q I D O
D X E O Q I E I G Q C Z O X C Z U X E N O L A K C I U
V O R T Q O M U N V U S E L P I C S I D A G J M Z V K
I S M X A L Q X J K D R E E H C D O O G F O E B J B F G
G N W O D E M O C T T R J L A S P K Y H H Q N H D X D J
F O U R T H W A T C H T J V W V D B R F K L T P W P S
U M M J W C Z Y S D H T I A F E L T T I L J K B Y K X V
```

There was a man of the **PHARISEES** named **NICODEMUS**, a ruler of the Jews. This man came to Jesus by night and said to Him, "**RABBI**, we know that You are a **TEACHER** come from God; for no one can do these signs that You do unless God is with him."

Jesus **ANSWERED** and said to him, "Most **ASSUREDLY**, I say to you, unless one is **BORN AGAIN**, he cannot see the kingdom of God."

Nicodemus said to Him, "How can a man be born when he is old? Can he **ENTER** a **SECOND** time into his mother's womb and be born?"

Jesus answered, "Most assuredly, I say to you, unless one is born of **WATER** and the Spirit, he cannot enter the kingdom of God. That which is born of the **FLESH** is flesh, and that which is born of the Spirit is spirit. Do not **MARVEL** that I said to you, 'You must be born again.' The **WIND BLOWS** where it **WISHES**, and you hear the **SOUND** of it, but cannot tell where it comes from and where it goes. So is **EVERYONE** who is born of the Spirit."

Nicodemus answered and said to Him, "How can these things be?"

Jesus answered and said to him, "Are you the teacher of **ISRAEL**, and do not know these things? Most assuredly, I say to you, We speak what We know and **TESTIFY** what We have seen, and you do not **RECEIVE** Our witness. If I have told you **EARTHLY** things and you do not believe, how will you believe if I tell you **HEAVENLY** things? No one has **ASCENDED** to heaven but He who came down from heaven, that is, the Son of Man who is in heaven. And as **MOSES** lifted up the **SERPENT** in the **WILDERNESS**, even so must the Son of Man be lifted up, that whoever believes in Him should not **PERISH** but have eternal life. For God so **LOVED** the **WORLD** that He gave His only **BEGOTTEN** Son, that whoever **BELIEVES** in Him should not perish but have **EVERLASTING** life. For God did not send His Son into the world to **CONDEMN** the world, but that the world through Him might be **SAVED**.

```
A C D F H I W K A N H R H X F D O D F V X H R Y D X I X
T T E S T I F Y G W V J E R T R T L F S E U R F M W T B
S G E V E R L A S T I N G T A V E G F A W H L F K I O Y
L V C O N D E M N D G H A Z A S C Y V N Y S V N G N Z A
K Y X Q K P K R W B S X A H W D E K D G I E B H D J O
D D M W R I Z N T K S R S M P C N E F M P R H T D B B N
E E V L X G Y C X U C E E N N L J V E V Q E V H B L X A
V D C J P G U K R K V T N T Y T V E M A A P T W C O L Q
A N R H W L Y E J E D K S G N D Q R P I F V C X E W Z E
S E R H Q H D K I H X B I E N E E Y Q R M S K F S S F W
Z C J R D L Y L D G W L Q O H Q U O P H A R I S E E S T
B S L C Y E E D X V U D C A E S L N J B Q S I G Q J N W
I A Z P J B R S E G F E B A K B I E U K R B M V H E K K
C M Q T G Q I E C V S H R S T Z O W R A V S Y W P Y B W
I A M L W B S V W K O T B Y S Y Y R E H S K K R E S E D
C H F X B Q U Y M S H L P G N C K L N O V X E M J Q G S
S B T A Q Z M Q I L N S W M V C L N G A O S V P U Z O V
J W R G V N E V Y E H A J L T F B M L M G I L C E U T E
S X F Y T D D W B V Z B H P B W W B J Q M A T Q N S T Q
E I H F P V O Y F R T X K N Y E V I E C E R I D H K E D
S V M S L R C H Z A C L Y H Q Z C E R Q K V D N L W N U
O D C C L M I J Q M F Q X O T R E H C A E T F M L B J L
M W G D M K N H W M Y P S S E N R E D L I W C S C D Z H
G B I P J R S S P E J O H Z Q U P F N A H K P V E O M T
```

77

The Samaritan Woman at the Well

John 4:5–26

The woman said to Him, "I know that Messiah is coming" (who is called Christ). "When He comes, He will tell us all things."

Jesus said to her, "I who speak to you am He."

~ John 4:25-26 ~

SAMARIA	DO YOU GET	FATHER
JACOB'S WELL	WHOEVER	SALVATION
JESUS	DRINKS	JEWS
TIRED NIV	NEVER	HOUR
JOURNEY	THIRST	COMING
NOON NIV	FOUNTAIN	SPIRIT
WOMAN	SPRINGING	TRUTH
DRAW	FIVE	MESSIAH
GIVE ME	HUSBANDS	CHRIST
GIFT OF GOD	PERCEIVE	I AM HE
LIVING WATER	PROPHET	
WHERE	WORSHIP	

```
X R K M J D L S E B A H N T I R I P S O C A H I J B O K
E Y P H C W N V Y A V O X K J X T L R Y D Q Q B T S J M
E N L Q N K I Q L Z I X Y E N R U O J M R Y B C S J L O
M M F B V E O F T Y P Q A J W J K V P I M N K I W K V
E L X B C B U K A O X R E C N G E X H Y N W X R R H P C
H N O R C J K V Y V B O V B P S P X M N K O K B H C E I
O U E D K Z L F U O M P L T R C N J J M S Y Q R C Y P B
U P D O M A Q W I J I H J E L E J N G R N X E M T W X M
R Z S Y S F H N H V F E J G Q M L G Q L N V Y Z O L E A
B K H M G J O L Q E E T D U J E S U S L E K K R Q S K Q
R V M G L T O U I D R D P O B V T P U O A U S F S D N V
H L L R X Q E E N R K E S Y X I C L H U W H Q I N N J E
A F L F E H A K E T H Q N O Q G H W L I I K A M O A Z G
O T W S M Y D H C E A Z O D G G Z D H P J H P N H B K B
G C S A J I T N D H U I O W X V O A Q R H G T Q I S U A
H H I B F A M C W Y Y F N S A I R A M A S D G S Y U L Q
V J E R F C V C H U H C J W U I X Q C Z G O U Y R H G B
D J R E V E N H X S C I Q E M A X N P H R D E P B I L J
Q C J A C O B S W E L L P J A N B Y S Q V V W L Y V H R
M I Z W V B M Z X J U R E T A W G N I V I L T O V C P T
T X T R M H R X E B I H V D E R I T S N C P L I M X A M
D M H M G N I M O C H R Q R H Q Q W A R D B B X R A H J
K T G I V Q T Q P J H S P R I N G I N G K I Y M P H N T
H J Q G I F T O F G O D A T R U T H I G Q S W R I C P K
```

Jesus Is "The Good Shepherd"

John 10:1–10

Then Jesus said to them again, "Most assuredly, I say to you, I am the door of the sheep. All who ever came before Me are thieves and robbers, but the sheep did not hear them. I am the door. If anyone enters by Me, he will be saved, and will go in and out and find pasture. The thief does not come except to steal, and to kill, and to destroy. I have come that they may have life, and that they may have it more abundantly."

John 10:7–10

SHEEPFOLD	VOICE	ENTERS
DOOR	CALLS	SAVED
CLIMBS UP	BY NAME	PASTURE
OTHER WAY	GOES	THIEVES
THIEF	BEFORE	STEAL
ROBBER	FOLLOW	KILL
SHEPHERD	KNOW	DESTROY
SHEEP	STRANGER	I HAVE COME
GATEKEEPER NIV	WILL FLEE	LIFE
OPENS	I AM THE DOOR	ABUNDANTLY
HEAR	ANYONE	

```
T T C K I Q D W B C W P C T L G L C N N O A A N Y O N E
U L T U C I B M W W X R S H M K Q B S P V Y M H R X M V
Q N A I J H F T X W Q N N G C J D W J X X T M X L A U C
I A W R A A K W B W J F U O J V W J O H P N D A B V N
E N L V H V J T D D Z E Z E U K Y I R L T M K S E U I A
O Q S X W E Z B S L I H N S P I X J L E L H K M T N P S
J F E D B C D E H O S P T H W Y W R L B O Z S S D T A
A N V S C O V F V F Q W D B E Z D C B N F B F N Y A M V
D C E T O M N O L P N M G V H R X B T K Y L O K J N O E
U V I R Q E N R Z E R L S C Q E S V K T M K E R J T K D
R Q H A E I A E I E B X B I Y N V H T W Q O T E Q L Y T
J V T N O K V C R H T H I E F S Y C T B P P N D G Y Y V
S M L G K Q W Q O S T V J Q O Q H K Q A H E F I L R P B
E Y S E J F D R E H P E H S H E A R S G Q N K Z I E M X
I A O R Y M J S H E E P S W D J V T B F H S B F K M Q W
U Z K R T Z S C M J S C O C L R U V S G P C X H N T S E
C M B J T E M A N Y B N A U B R G A T E K E E P E R W L
I X L N L S K J A J K E T Y E P Z K H Y T J S O H T P P
M G B I Q W E V Q S A J X I K A Q N C E P X K M L Y P V
B Z Q C V B Z D X L P U S B M I L C Z Y Z I N Q H L V S
L P E M D F P R E L M C L Q E Y H K D H V J C Z X O I T
G F F M F Z E D F A Y W T D S R O O D E H T M A I V K K
X Y A W R E H T O C W J X Y G S Y L W J S K J C G L V S
V K K F I M X V L F C M H K L K K H T J T Y E B F O H Y
```

The Pharisees and Religious Leaders

"Woe to you Pharisees! For you love the best seats in the synagogues and greetings in the marketplaces. Woe to you, scribes and Pharisees, hypocrites! For you are like graves which are not seen, and the men who walk over them are not aware of them."

Luke 11:43–44

PHARISEES Matt. 3:7	FOOLS Matt. 23:17	FOOLISH Luke 11:42
SADDUCEES Matt. 3:7	EXTORTION Matt. 23:25	PASS BY Luke 11:42
BROOD Matt. 3:7	SELF-INDULGENCE Matt. 23:25	JUSTICE Luke 11:42
VIPERS Matt. 3:7	WHITEWASHED Matt. 23:27	BEST SEATS Luke 11:43
PLOTTED Matt. 12:14	TOMBS Matt. 23:27	GREETINGS Luke 11:43
EVIL Matt. 12:34	LAWLESSNESS Matt. 23:28	SCRIBES Luke 11:44
BLIND Matt. 15:14	COMPLAINED Luke 5:30	HYPOCRITES Luke 11:44
TESTING Matt. 19:3	FILLED WITH RAGE Luke 6:11	LIKE GRAVES Luke 11:44
MISTAKEN Matt. 22:29	FURIOUS Luke 6:11, NIV	LAWYERS Luke 11:46
BIND Matt. 23:4	INWARD Luke 11:39	PERSECUTE Luke 11:49
HEAVY BURDENS Matt. 23:4	GREED Luke 11:39	LYING IN WAIT Luke 11:54
LONG PRAYERS Matt. 23:14	WICKEDNESS Luke 11:39	ACCUSED Mark 15:3

```
F P F B G F P E R S E C U T E S S S E N D E K C I W F X
E G A R H T I W D E L L I F U N R N J C V G W B S R Q K
D P S O H D E T T O L P Y O E Q S D X S Y P L L S J C E
A W E O E C G V J B A Q I K S I M V O Y I N O Y V H I C
S Y T D A Y K V C F L R A F I G U A A Q J O R Z G T Z N
G C I K V G L G D K U T Y P C M J Z B A F X T K T Q P E
N J R Q Y G M N M F S Y D E H S A W E T I H W Z J Q S G
I U C D B L Q Y S I L S Y P C X L O N G P R A Y E R S L
T S O R U Y Z D M O G S K X O T L Q L W J S B D S G U U
E T P S R I W S E Q M P Y I M J A U C M L R D F G T V D
E I Y U D N B D M E A S C I P F W G X T J E P K F L S N
R C H S E G Y L B V R T I V L P Y W J M S P F U G A E I
G E G C N I M E I H S G T S A A E I A U N I O U E Y V F
E V I L S N S R L N P S O E I G R J C O V V O A O F A L
S X C M H W P X A B D K M B N F S C I S X Z L R R S R E
W D N I B A Z Q W E K R B I E Q A T G R U D I W K W G S
C G X F L I J I L S R C S R D Q R P H A R I S E E S E G
K F Q I K T A Q E T G N M C G O J F F D P V H H M Q K H
J C F F H F T R S S T N Q S T P B T R C J Q M G X G I L
D E X P S Y S P S E P R I X W L Z A L D P Y L D Q H L F
I D F Z W Q X J N A L Z E T Y M W S E E C U D D A S F X
Y B S S A P H Z E T M Y B C S N D Y L P Y W E V M U F P
L X V T K D D V S S B G R J I E L U F G W J X X O F B J
Q O P A Q S V F S R J A H B M E T I A F A V G C D P R X
```

42

Mary and Martha

Luke 10:38–42

And Jesus answered and said to her, "Martha, Martha, you are worried and troubled about many things. But one thing is needed, and Mary has chosen that good part, which will not be taken away from her."

~ Luke 10:41-42 ~

VILLAGE	DISTRACTED	UPSET NIV
BETHANY John 11:1	SERVING	MANY THINGS
MARTHA	LEFT ME	ONE
OPENED	SERVE ALONE	NEEDED
HOUSE	TELL HER	CHOSEN
SISTER	HELP	GOOD PART
MARY	JESUS	NOT
LISTENING NIV	ANSWERED	TAKEN
FEET	WORRIED	AWAY

```
S W O R R I E D N R E N O B Y W S K V T
P I L U D D J E M D S Q G N G R V P T R
K H I F E Y I H M N E S O H C J A V S S
F E S Z R Q A S U T M H B U H K M M F E
F J T L E H W Z T P F R E H L L E T R V
H G E C W T A C P R S E P A K Q J S P B
S N N E S D Y V I G A E L H E L P N D X
G E I N N J I K B M H C T T A K E N J S
N E N O A L G C L N B E T H A N Y J U S
I D G L L Q I V K Y Z C N E D J L S K E
H E T A S E S U O H S P D B D R E B R R
T D G E T R A P D O O G N D E J F P W V
Y E J V K R B M R J M O K T K N E S S I
N S Q R O P E N E D T E S G E O E Y F N
A I O E T S N S C V K I K V B D T M N G
M G L S O U S F R M S F M A R T H A I A
```

Jesus Raises Lazarus from the Dead

John 11:1–44

Jesus said to her, "I am the resurrection and the life. He who believes in Me, though he may die, he shall live. And whoever lives and believes in Me shall never die. Do you believe this?"

She said to Him, "Yes, Lord, I believe that You are the Christ, the Son of God, who is to come into the world."

⚮ John 11:25-27 ⚮

LAZARUS	TOMB	CAVE
BROTHER	FOUR DAYS	TAKE AWAY
SISTERS	I AM	STONE
SENT TO HIM	THE RESURRECTION	ODOR NIV
SICKNESS	AND THE LIFE	LOUD VOICE
NOT UNTO	HE WHO	COME OUT
DEATH	BELIEVES IN ME	HANDS AND FEET
JESUS	THOUGH HE	WRAPPED
STAYED	MAY DIE	LINEN
TWO MORE DAYS	SHALL LIVE	TAKE OFF
I GO THAT I MAY	WEPT	GRAVE CLOTHES
WAKE HIM	GROANING	

```
P Q G R A V E C L O T H E S W L W Z K D N U C S C T Q H
J R Q T J S S G S T O N E G Q E Y W E G M T R H J G P A
U N O I T C E R R U S E R E H T I Y C T M G X D K R J N
C D B X U R G W K X Y L P J G Z A W A V D V B J L O S D
E E V I L L L A H S U A D D M T I K Q O E N W D M A Q S
B C I G W H J U D L Y I F I S J E G L A K V I R N N V A
S S W D S W M Y W L F S D U F O T S O A D Q A B X I A N
L B T T E F O U R D A Y S J F O D O Q T Z T T C U N H D
T N L O U D V O I C E K C F D K V U G A H A U S O G C F
H M M F Q E P D K K S E N T T O H I M S Z A R O V J U E
O R D K T W T X E J N A J Q A Q F C T I I E T U E U Q E
U V J L J W E P T P W E K O D L S J R S K M D I S M Y T
G P T Y M U F Q S R P Y K H X B N Y Q S Y B G A M A O M
H X T W X V T W Q I O A X L R G A I S J N B Q J Z A L C
H F M A I V S D P C S D R G O W J E Q L J F P Q V V Y I
E P B C Z A X O R W Z T O W A K N X J W M Z H C I T U W
T S H H H Y I J E S U S E E Q K O I R O T N U T O N A R
E P S M I E I D Y A M R K R C D T B N X F W X K G K E D
O W J I X A B R V H U A F I S O S X F H E W H O E H P E
I U X S S D Y L P G T V S F M K Q V I V P K L H T R F A
K W E F I L E H T D N A D B X W E N M B V H I O P W B T
I R M K L I N E N W X M Q O U G H L L K S M R N T W C H
B E L I E V E S I N M E J Z P T G U W D F B J X B R T O
D N Y O N N T H S Y A D E R O M O W T H Q O S C D I I N
```

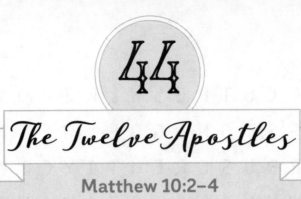

The Twelve Apostles

Matthew 10:2–4

Now the names of the twelve apostles are these: first, Simon, who is called Peter, and Andrew his brother; James the son of Zebedee, and John his brother; Philip and Bartholomew; Thomas and Matthew the tax collector; James the son of Alphaeus, and Lebbaeus, whose surname was Thaddaeus; Simon the Cananite, and Judas Iscariot, who also betrayed Him.

Matthew 10:2–4

SIMON PETER	PHILIP	JAMES SON OF ALPHAEUS
ANDREW	BARTHOLOMEW	LEBBAEUS
FISHERMEN Matt. 4:18	THOMAS	THADDAEUS
JAMES	TWIN John 11:16	SIMON THE CANANITE
JOHN	DIDYMUS John 11:16, KJV	ZEALOT Luke 6:15
SONS OF ZEBEDEE Luke 5:10	MATTHEW	JUDAS ISCARIOT
BOANERGES Mark 3:17	TAX COLLECTOR	BETRAYED
SONS OF THUNDER Mark 3:17	PUBLICAN KJV	MATTHIAS Acts 1:26

```
C J V Q K D C N R S T H A D D A E U S N T W M B
L J A M E S S O N O F A L P H A E U S W D F X V
G B O A N E R G E S P X Q H J G I L I R Q B N T
F S I U T O M P D J C J N F A Q M N W Y J F M Y
D E E Z O H E T P V T A X C O L L E C T O R B T
I M Q Y D G R R N Q I Q K F D G U S S E F Q L O
D A U Q T Q I H E R E D N U H T F O S N O S G I
Y J G M O E O U F T A T G S U E A B B E L I U R
M N N A L J B S L N E C H T Y N U Z I X A J S A
U I N T A L D Y D D P P P O E A J Y B Q V A M C
S C D T E Z C R J U P P N M M K T A Y D B K R S
F G H H Z S E H B W M H R O V A R A J D J R W I
M N Q E S W W L F T N E I R M T S K Y V P T B S
A N N W R Q I N R J H S C L H I G I X M P B S A
T G R Q R C E M G S G V Q O I Q S M Z H V Q D D
T V I M A Q B U I H M T L N M P O Q G U Q Q S U
H D Y N B V J F H L F O W J W V T J Q U A H Z J
I B I W J E J P S Q M E E D E B E Z F O S N O S
A E T I N A N A C E H T N O M I S N J K I F K S
S R B O X F G V W X C P W S C B E T R A Y E D W
```

The Transfiguration of Jesus

Matthew 17:1–13

And suddenly a voice came out of the cloud, saying, "This is My beloved Son, in whom I am well pleased. Hear Him!" And when the disciples heard it, they fell on their faces and were greatly afraid. But Jesus came and touched them and said, "Arise, and do not be afraid."

Matthew 17:5b–7

JESUS	ELIJAH	FELL
PETER	APPEARED	FACEDOWN
JAMES	THREE SHELTERS NIV	GROUND
JOHN	BRIGHT	TERRIFIED
MOUNTAIN	CLOUD	TOUCHED
TRANSFIGURED	VOICE	DON'T BE AFRAID
FACE	THIS IS	SAW NO ONE
SHONE	MY SON	DON'T TELL
CLOTHES	WHOM I LOVE	UNTIL
WHITE	WELL PLEASED	RAISED
LIGHT	LISTEN TO HIM	FROM THE DEAD
MOSES	DISCIPLES	

```
G T J M A V H W P U L I S T E N T O H I M Y V O I C E A
H K C V D E R A E P P A H B N G W I G P T J E P U L S B
E J F Z L S K Q K L B P E F F V M I M H G S Q N V W T C
L E C A F Y E Y I J L A U W S X U G I V J C D N S P R F
I E C D O N T T E L L P M A S W D S U D R R B N E I R G
J B N S S F E K O I I O L L X O I R C P W Q N Y Z O T G
A B Y O X Q B J G L U Z I E N S F S M T Y U G P M M H X
H J I A O I S O U N E R N T A Q X M N B H R B T F U R B
T D D Q D N D F T M F F B N O S Y M F K O G H U N V E E
D P O Q F R W A F J P E P V U Q E T B U I E I T Q Q E K
S E D U I T I A K E A E W D F I P D N Y D O I R R K S W
W Y I G V N N V S F T K N G U L K D Q E W L D E B W H D
O D T F N U J C R E K U U V L Q H W A A B H Y W G H E E
A U R J I E H A R R K N C E W K T D J N W S I N Y O L H
A O A C T R I C V E P Y F B B C O E N X V J N T J M T C
O L N L L D R J D Y Y S V C G E S M Y A H N Y W E I E U
F C S I S O P E Q E G W R B J U J D J P U H U S Q L R O
A B F G Q G T D T H S J O A S P W Y X A K O A H B O S T
C S I H C R T H I V C I Q Q M Y P U J G G J F O W V D X
E T G T D R S N E E Q J A D J W T B Y J C Q M N D E F X
D E U Y P M T E D S X A H R X P S R D G C G O E K E O S
O Q R R S V L A S G S M R D I S C I P L E S Y C Y Y Y X
W I E Q W E G K J O S E P C X R H U C B Y Q E Y H W Q H
N L D Z L F U P R E M S H D C X N Y I H K X N T N I Y W
```

46

Easter

THE TRIUMPHAL ENTRY INTO JERUSALEM
Matthew 21:2–11

And a very great multitude spread their clothes on the road; others cut down branches from the trees and spread them on the road. Then the multitudes who went before and those who followed cried out, saying:

> "Hosanna to the Son of David!
> 'Blessed is He who comes in the name of the Lᴏʀᴅ!'
> Hosanna in the highest!"

Matthew 21:8–9

BETHPHAGE	RIDING NIV	SON OF DAVID
MOUNT OF OLIVES	BROUGHT	BLESSED
VILLAGE	LAID	WHO COMES
DONKEY	CLOTHES	HIGHEST
TIED	SET	JERUSALEM
COLT	SPREAD	WHO IS THIS
LOOSE	ROAD	PROPHET
BRING	CUT DOWN	NAZARETH
THE LORD	BRANCHES	GALILEE
HAS NEED	MULTITUDES	
FULFILLED	CRIED OUT	
GENTLE NIV	HOSANNA	

```
I E D R G Q H D M R R I U J T P T R J D T S B D I U R U
S B D W Q O K Z N G G H S F E J L N V Y I D E Q P N I I
T B H A N N A S O H B I K S O V O B Z T B S K H L G J M
S K P W K O P T L T I I O R B T E H P O R P K O T V H U
E R P M L V H K S T V O Q G C C B R A N C H E S T O U W
M X D Q K E G E I B L X R V P R R L I C G I M T P T L F
O T X I L B H E V Z B R I N G I X C Z V S G L D M V Q C
C C J O A G D A Q U N E O X W E W A Q I S O L R D S Q I
O N R D I L A Z D L T Q I K F D Y O L L C E P Q E Y V D
H D V H E L V O F E Y H Y S U O W G B L Q M E V S M H Q
W V L G Y L X I K P E S J S R U K K S A O N I H O R F B
Y T H D O U L X N M N N P X W T M Y Z G H L A Z N J K W
V P D Q E P P I Q A G H S R K G D Q R E O M T G O Z C E
I V O E W S K R F I Z O L A E J E O V F H S R C F H C E
J P E Q G K S P X L U A E Q H A A N O N I Q E C D D U L
J G K R J A X E Y W U O R M L D D T T V G O R T A T T I
X S S N X A H N L M V F J E Q E N M Q L X I V J V F D L
Y E K N O D E P E B G E Z T T U V F R Q E E O I I I O A
C G Z U A L B V H T N H B S O H L M Q E P M R L D K W G
K Q O J T B U W U T Q T H M V K K Y N V W D I H K S N V
O A M U L T I T U D E S Q S J M I B H W O J D Z R F J G
J X W Y J W B B Q Q S B O E C C X R M S K B I C I B S A
X V U P B P W H O I S T H I S B R O U G H T N N W X L U
I W D O Q R V U J E R U S A L E M L K T L Q G Q E L X E
```

JESUS CLEANSES THE TEMPLE
Matthew 21:12–17

Then Jesus went into the temple of God and drove out all those who bought and sold in the temple, and overturned the tables of the money changers and the seats of those who sold doves. And He said to them, "It is written, 'My house shall be called a house of prayer,' but you have made it a 'den of thieves.'"

Matthew 21:12–13

JESUS	MY HOUSE	SAW
TEMPLE OF GOD	PRAYER	CHILDREN
DROVE OUT	MADE IT	SHOUTING NIV
BOUGHT	DEN OF THIEVES	INDIGNANT
SOLD	ROBBERS NIV	DO YOU HEAR
OVERTURNED	BLIND	MOUTH
TABLES	LAME	BABES
MONEY CHANGERS	CAME	INFANTS
SEATS	HEALED	PERFECTED
DOVES	CHIEF PRIESTS	PRAISE
IT IS WRITTEN	SCRIBES	

```
S S O U S W Q E S U O H Y M C I D H D S H H Y D M H A F
O X J E V Y H V C T R O B B E R S K Q R K X M S R S S V
L O A Y S J Q A M N R C H I E F P R I E S T S E Q X E M
D T F Y Q C M F X S R N Q D P S G Y D G N J K L T I V T
S L N L Z E P R A I S E F E S X R K N E X R B Q U E P
T W A U A S T U E I Y G S N M J V W W A T W X A E K I Q
M H X L Y N U Q Y D Y W T R R L J I H H T V Y T Z A H K
J H J W G E O O C U G T N U W T W T X C I H Z Q I A T I
Z A B F B R E O D A A L A T P U H W S Y R J P H F W F N
A E I K Q D V E V O E D F R T Q S K Q E W G F P E Q O D
Q I M Y I L O I F N G R N E L Z W A S N S E P B C P N I
E P I A U I R E R W T F I V J O L I C O I G Z C F Y E G
D Z Q X L H D V B Y V S O O U B Z U Y M T D R L N R D N
R D B K O C V Y C V D W P E K Q Y Q M X I K Y F S H V A
H R T S V H T M F N M T D S L J P P R A Y E R V C E C N
B C W X Q E X R I R J E N D B P P O Z U D K S U I Q V T
Y O F P D A K L U K T G K U U I M W D S Q E I J S U S A
F I U S P L B L P C W N F Y W Y S E N E S C I Q E I H Z
N M V G H E D V E D O Y O U H E A R T B H F G T R S O C
Q B O A H D L F H P M P Z M A M G E S A L V C D Q S U D
E A F U U T R E T F S C R I B E S Z H B F J F D E G T S
W V M L T E Q R L B E L B P C V R L D K B B T V B T I Q
D J H L P H H X Q G A X R O I Q W X O C V T O Z O Q N I
L U C X D J M V C U H I J Y Z F U T X E M D D K M N G C
```

48

THE LEADERS PLOT TO KILL JESUS, AND JUDAS AGREES TO BETRAY JESUS
Matthew 26:3–5, 14–16

Then one of the twelve, called Judas Iscariot, went to the chief priests and said, "What are you willing to give me if I deliver Him to you?" And they counted out to him thirty pieces of silver. So from that time he sought opportunity to betray Him.

Matthew 26:14–16

CHIEF PRIESTS	UPROAR	DELIVER HIM
SCRIBES	PEOPLE	GLAD Luke 22:5
ELDERS	SATAN Luke 22:3	AGREED Luke 22:5
ASSEMBLED	ENTERED Luke 22:3	COUNTED OUT
PALACE	JUDAS	THIRTY
CAIAPHAS	ISCARIOT	PIECES
PLOTTED	CONFERRED Luke 22:4	SILVER
TRICKERY	CAPTAINS Luke 22:4	PROMISED Luke 22:6
KILL	WILLING	SOUGHT
NOT DURING	TO GIVE	OPPORTUNITY
FEAST	BETRAY Luke 22:4	

```
N E Q W S Q M V S Y Z C A P D O L S K P S L D I C I T L
B A E S S P B K F L U A G H R R G X N N L K A M K E I Y
G E K D K A L G A Z S R R U Q O D T R I V V L O C X V T
T R L T P E D V H T D R P S F W M P K X A L G A K N V R
S S D P H I B U F L T R I W E C C I M A J T L B Y M P I
F C A E O M V X J F O D S M D B V A S O Q A P Z B T F H
I L R X L E Y U Q A M S C E R E H V I E P A S A T H S T
S P F I K B P Y R H K B A S Q E R X Q A D S I V C G E N
W Y C W B I M N B B D E R S V C R W U P B E Y X U T I
T C Y H I E Z W W S T I Q T B P L E M Q H N C P O K W
X V D E Z O S B S O V R O J P S O R I F Y K A U E S B B
O O Q E V I G O T S A A T Y G U E K Y S N Q I S K I J F
S C S D E R E T N E A Y X R O K J I F T E O N H D Y P B
F R P M A U F W G N I R U D T O N V R J I H C O Z F L A
J U W Y L C M P F I V V L X R K W I Q P U W E X V C C I
F D V R N S P N C O U N T E D O U T A W F E I J C S T O
C V U L J B L K K Q V Q F O P D F W G R L E W J T G R M
J Q I C X B O I W I L L I N G B U O R D C Q I A J L I M
B R S W N T T H D L Y C J R L R E J E U V I K H U A C X
M J H A S U T V Q L W C V K E U Z R E V R F F E C I K Y
N I W A T I E P F G V R X Q B D S F D N G L H U R F E H
V A E M J A D Q Y M I H R E V I L E D D C F P Q X X R A
K F L F K E N B K X T S R M H L S W J V T F M V V G Y N
H S O P P O R T U N I T Y O Z A T E G M V A C J H D W X
```

THE LAST SUPPER
Matthew 26:17–30

And as they were eating, Jesus took bread, blessed and broke it, and gave it to the disciples and said, "Take, eat; this is My body."

Then He took the cup, and gave thanks, and gave it to them, saying, "Drink from it, all of you. For this is My blood of the new covenant, which is shed for many for the remission of sins."

Matthew 26:26-28

FIRST DAY	TWELVE	CUP
FEAST	ONE OF YOU	GAVE THANKS
UNLEAVENED	WILL BETRAY	DRINK
DISCIPLES	SORROWFUL	BLOOD
CAME	HE WHO DIPPED	NEW COVENANT
PREPARE	WOE TO	SHED
PASSOVER	THAT MAN	REMISSION
GO INTO	BREAD	SINS
CITY	BLESSED	SUNG
UPPER ROOM Luke 22:12	BROKE	HYMN
EVENING	TAKE EAT	WENT OUT
RECLINED Luke 22:14, NIV	MY BODY	

```
G A Q U O Y F O E N O E G J T P Y Z E X Q Q Y T I C Z K
L N O I S S I M E R D E N E V A E L N U Q B K R X L X O
C D F P H D S P M S T N K C T B Z G H T A E E K A T V E
B R M I R R O S F T F M C W B P H N O R T S A E F P E M
X I H F Z R E O Z G B Y U A Q K U Z T C Y T K K F J Q V
C N Y K O Q D C L N R H P B K Q S E N N X V U D U H S N
I K J C B Y Q N D B O V J T V G F G I T U O T N E W T D
M R E L R P Y E B W K K V N P Z O I O D Q E P B L R L N
K T B V E W Y C P R E C R P B C H X G J F V A B N G Q O
Q G E F A Q A R P R Q Z H D P L B U W H R E A B E Z L W
L N F U D O D F V L P A E W U U S D T Q D N J T W Q B J
N Y U S M G T C L W U N B F I Z U C T E U I Q G C H C J
V A F F C S S F R D I S W P T F N K S C C N V Q O T S O
M T M X P N R B J L N O R J X Z G S S D L G N Q V M V P
Q Z R T K F I Z C I R A V S K A E Z E D V N R P E Q X O
Q B K M A I F E S R M D P Q T L V K L P O Z D Y N O B Z
Q O R C Y H R R O L R Y D P B S X B P N G X P J A M B E
R Z B V W Y T S K W D S B N D V E H I A Y S J U N W I Q
B A X O J B S B Z Q B Y G O Y E P K C A G N R K T B O E
K W E U P P E R R O O M F F D Y V Y S S H E D Q E U M G
H T H E W H O D I P P E D B X Y O J I R E V O S S A P D
O B G X C K Z H U E V L E W T I H J D O I Q A Y C K N M
Z M C Y A R T E B L L I W D O J U L S Q O M K W J Q E D
M V A G A V E T H A N K S Y K Q O P C P R E P A R E V E
```

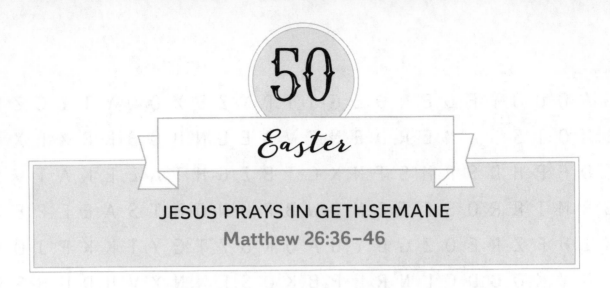

50

Easter

JESUS PRAYS IN GETHSEMANE
Matthew 26:36–46

Then Jesus came with them to a place called **GETHSEMANE**, and said to the disciples, "**SIT HERE** while I go and **PRAY** over there." And He took with Him Peter and the **TWO SONS** of Zebedee, and He **BEGAN** to be sorrowful and deeply **DISTRESSED**. Then He said to them, "My **SOUL** is exceedingly **SORROWFUL**, even **TO DEATH**. Stay here and **WATCH** with Me."

He went a little **FARTHER** and fell on His **FACE**, and **PRAYED**, saying, "O My Father, if it is **POSSIBLE**, let this **CUP** pass from Me; nevertheless, **NOT AS I WILL**, but as You will."

Then He **CAME** to the disciples and **FOUND** them **SLEEPING**, and said to Peter, "What! Could you not watch with Me **ONE HOUR**? Watch and pray, lest you enter into **TEMPTATION**. The spirit indeed is **WILLING**, but the flesh is **WEAK**."

Again, a **SECOND** time, He went away and prayed, saying, "O My Father, if this cup cannot **PASS AWAY** from Me unless I drink it, Your will be done." And He came and found them **ASLEEP** again, for their **EYES** were **HEAVY**.

So He left them, went away again, and prayed the **THIRD** time, saying the same words. Then He came to His disciples and said to them, "Are you still sleeping and **RESTING**? Behold, the hour is at hand, and the Son of Man is being **BETRAYED** into the hands of **SINNERS**. Rise, let us be **GOING**. See, My betrayer is at hand."

```
G D H R T F N J N T I J T N D Y F F O A Q W U S B S Y X
V N W Z B A K M O K K W M U W N I Q A Z V F S D E F V O
K R I L D C N F O U P N Q P H Y H X S O I S I Q N R D N
Z O N P W E X T Q R H L A T D H W N Q W D F T B O Z R G
R J N G E N P R U O H E N O Y V O D U R R L H G T T N W
E X Q R R E B U V X H R V A Z I M U I P L U E E A O Q Q
U T P E D V L S V Y E I W M T J A H U R E F R T S D P I
F F D H N Z A S F S X A G A C S T X G A V W E H I E P A
W K Y T X A E R T B S B T J O L B E O Y R O I S W A Z K
I V C R D F G I Q S H P P H Z Q L Z I E I R J E I T B D
L T Y A I H N E A C M K B Q V B U V N D U R E M L H R W
L H V F J G V P B E F P U Q I Y S U G P Q O V A L N R G
I R I W Q B I A T Z A S T S L G Q I R L K S P N U I S K
N N T N S Y I I O H E S S J C E H A O L H A U E Y V X U
G M D N R Y Q H J C A O K F X U Y D O I R R W E A K E Z
L E R X E J C I O T P Y D P A Q W M R G J L J R G W M S
K W F L N K W N Z I S E Y E C Y J S K O T K P V H F A K
K U B I N L D H Y F S N O S O W T I Q E G N N L V V C I
B C U P I F G P W K M S S H C T A W D R P A V R X R H Y
Q I Q Y S P E Y C S Q O F X A B H N T N G Y D M K N O I
O I E P L E F O F N U J Q S J L G E D S H H C Q H L Y H
R R E X L Q Q N Q L A T W D F Y W U H E A V Y M X W A E
T S Y S I L F D I S T R E S S E D D E Y A R T E B H F Q
A R A U E N F O U N D V B B S A I S L P G A Q I J H D J
```

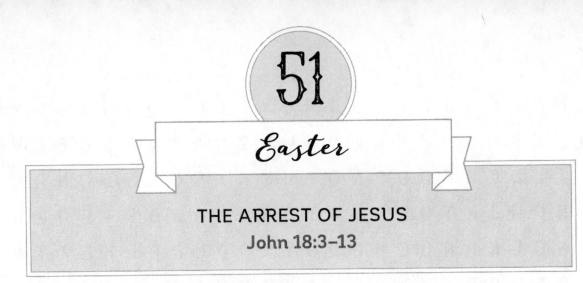

51

Easter

THE ARREST OF JESUS
John 18:3–13

Jesus therefore, knowing all things that would come upon Him, went forward and said to them, "Whom are you seeking?"

They answered Him, "Jesus of Nazareth."

Jesus said to them, "I am He." And Judas, who betrayed Him, also stood with them. Now when He said to them, "I am He," they drew back and fell to the ground.

John 18:4-6

JUDAS	DREW BACK	STRUCK
DETACHMENT	FELL	SERVANT
TROOPS	ASKED AGAIN	CUT OFF
OFFICERS	I HAVE TOLD YOU	EAR
LANTERNS	LET THESE	MALCHUS
TORCHES	GO THEIR WAY	SHALL I NOT DRINK
WEAPONS	THOSE	THE CUP
JESUS	YOU GAVE ME	CAPTAIN
WHOM	LOST NONE	ARRESTED
SEEKING	SIMON PETER	BOUND
I AM HE	SWORD	LED AWAY

```
T L V T S H A L L I N O T D R I N K B H R N H F R Z O U
S E E K I N G F O U V S Q O M J D D U S Y A W A D E L D
F T V L H V S O L M Q N V V E A P C Q W G Q C O R T T R
Q T B A M U A S Q I C V C A J Y L H C O I O A X Y O K M
S H Q L I H A V E T O L D Y O U R C G R D M C Q O E Q O
Y E R Y U L E N B T A Q W Q V E M J H D F T S Q L P A B
U S G Q E O Z H K K E H S D T Q O E M U K N Q L C Y U L
T E C D V W V N M F Y Y P E Q O H I L A S O F R J B T I
N S P O G F X Y Q A Y U P K R L Z W H O M L W N N R Q C
A Y S R E C I F F O I N T R A A T J Z E B B P W O X G L
V A K L P U C E H T O Z K N Q I H P H Q E A R O Z K F Q
R W J J L D O Q A M D V T R S A O G R E R F P X B F D W
E R U I Q E C N I Y H E H E D A S W A F E S Z J O D T S
S I D Q A M F S O H R A H E R M E E U E G E D T C A Z A
J E A N D J Q T N N E C T R U D H A Q Y M V U S S Q C S
M H S L D I F L S M R A E Q V F V P U X H C Z K E E A I
P T U J N F L D E O C S X D V F I O H T B Q E S X K P E
O O S Q U Q J V T H T U W R C G N N U X O D M T I C T N
I G Q W O Z A J M E Z A J E M M Y S D Z A C U R W W A O
M S B N B G H E D Y U W K W X X H Y G G S Y E U L J I N
B V B Z U S N G D V U T X B E R W B A Z S H O C T R N T
C E C O K T C B M F G D W A Z K U I A V P I M K J C Y S
C I Y T F K X E W R P Q R C Y R N Y P Q F P Q O P Y N O
H C A Q C X I J O C B S R K V Q J E S U S O B G L J Y L
```

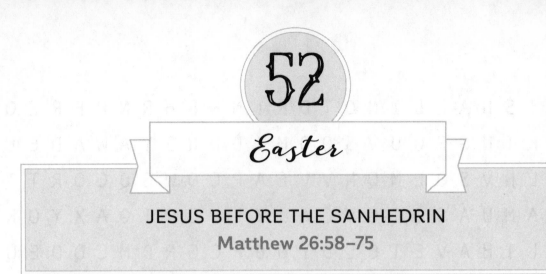

52

Easter

JESUS BEFORE THE SANHEDRIN
Matthew 26:58–75

Then the high priest tore his clothes, saying, "He has spoken blasphemy! What further need do we have of witnesses? Look, now you have heard His blasphemy! What do you think?"

They answered and said, "He is deserving of death."

Matthew 26:65–66

PETER	DESTROY	YOU ARE THE CHRIST
FOLLOWED	TEMPLE	IT IS AS YOU SAID
COURTYARD	BUILD	TORE
CAIAPHAS	THREE	CLOTHES
ELDERS	DAYS	BLASPHEMY
COUNCIL	KEPT	DESERVING
FALSE	SILENT	DEATH
TESTIMONY	UNDER	SPAT
TWO	OATH	BEAT
WITNESSES	TELL US IF	STRUCK

```
H H Y O R T S E D A U H V P G E O C R M D A U L E X T O
W I T I S A S Y O U S A I D J S A F A K R Z W S G S M J
G G W R U I U N G E Z X A F O Y N O M I T S E T K T P A
O H X N Y P W D H D E S E R V I N G J D A I W Y S V I H
M T K T I C A G H B E A T K M S W Y Q S X P H R W B X
E M D C O V T H R E E U X G K G V H U O B X H U Y S I L
Q O W E A Q F B Q L V P K V G G F A S J R E B A Z P Z V
E D D L T Z D S L M X F W E O V O Y P F V X H N S S D T
G H Y G H O C C D R A Y T R U O C H M U B X N A Q E L R
J T Q Y D L N V M F Z C V J Q W W O J Q M V T F A W V W
J J N W O A Y S O Q E S N N G S Q S S L M Q M T G E X Q
W D J T E I J L P X T E V L C S E I Y O Z Q H C L O S F
Q I H I H P L I Z R K G N K P Q R L J A J U Z D J D I I
F E J R T O Q W U N D W B J D I J N T B D N E U P F L S
S Q R P W L V C C B L I C N U O C R X B T R M S L K E U
Y Q N E Y C K F H T O R E I M A L P R W S O Q H H S N L
X O D S D F N V V E V G V K W O Z D N N S K X H D T L
K J M I U N E S L A F H P L F Y M V G K P L G J C T M E
F E B S D I U L W S B I A G P U Z B M A U G U Q K A J T
R H R W C Y B U U W G I S F M S E S S E N T I W W P R S
D Q M O O W T Q P C K B L A S P H E M Y S I Z T F S K M
P I A E L P M E T R T Y P P E T E R C H E L V O P F H H
N X O B N T W D Q B U Q G S N O L B U I L D S R K E U L
C R C B I H D X A W C Y O U A R E T H E C H R I S T K K
```

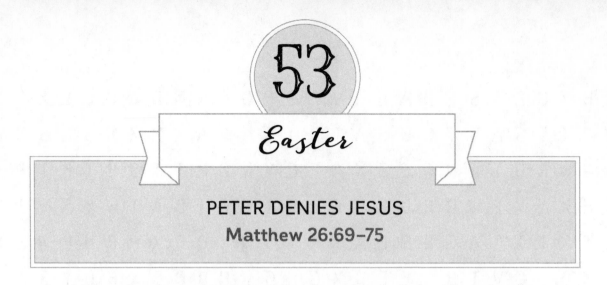

PETER DENIES JESUS
Matthew 26:69–75

Now Peter sat **OUTSIDE** in the courtyard. And a **SERVANT** girl **CAME** to him, saying, "You also **WERE WITH** Jesus of Galilee."

But he **DENIED** it **BEFORE** them all, saying, "**I DO NOT KNOW** what you are saying."

And when he had **GONE OUT** to the **GATEWAY**, another **GIRL** saw him and said to those who were there, "**THIS FELLOW** also was with Jesus of Nazareth."

But **AGAIN** he denied with an oath, "I do not know the Man!"

And a little **LATER** those who stood by came up and said to Peter, "**SURELY** you also are one of them, for your **SPEECH BETRAYS** you."

Then he began to **CURSE** and **SWEAR**, saying, "I do not know the Man!"

Immediately a **ROOSTER CROWED**. And Peter **REMEMBERED** the word of Jesus who had said to him, "Before the rooster crows, **YOU WILL DENY** Me **THREE TIMES**." So he went out and **WEPT BITTERLY**.

```
D Y F N L O E A D Y C L N H I H S O E P T C G P
L R V G Q D L E V O L D N G I R L P O A Z N L O
E I G O I W I U J E D E B U Q E M A C R N A A Y
Q E B S Y N Q Z H R S G R X A G A I N D T D M O
H R T E E Q S G J S B R P U K L T D Q E S Q L U
R U D D T Q Y E B W S V U L S P J U R P G F X W
O J V L J R M C L E H O F C Q C W Z O F A H X I
R W V Q I Z A T N A V R E S I G R L G E D R F L
D W O T T J M Y B R H F I J E F W O Q O N O Q L
D N Y L P K H K S O K O W I M M X I W C G O E D
R L H L L V D E R E B M E M E R N B D E S S G E
G C O C R E J Q K D I D O N O T K N O W D T F N
A Z K H E E F P M T V L E J T P Y T R K U E C Y
T Y S J C E T S Q P M L R E U Q T E T U S R C P
E R C B L W P T I Q H M T K E X K D C N K J S V
W Q T K E D B S I H X W H T I W E R E W Q E P M
A I O V D F A O N B T E D K N K D Z D V M B H S
Y T Z O F Q O J Y C R P X O N R Q O T I I E O A
X U I X I W Y R R V P T V B S J V X T W J U M E
X G V R Y R Z E E R H T P A F Q M H U Y I P E Q
```

54

Easter

JESUS IS BROUGHT TO PILATE AND THE DEATH OF JUDAS ISCARIOT
Matthew 27:2–29

And while He was being accused by the chief priests and elders, He answered nothing.

Then Pilate said to Him, "Do You not hear how many things they testify against You?" But He answered him not one word, so that the governor marveled greatly.

Matthew 27:12–14

MORNING	KING OF THE JEWS	THREW
CAME	ANSWERED	DOWN
JESUS	NOTHING	DEPARTED
BOUND	MARVELED	HANGED
LED AWAY	GREATLY	CONSULTED
DELIVERED	JUDAS	BOUGHT
PONTIUS	REMORSEFUL	POTTER'S
PILATE	BROUGHT	FIELD
GOVERNOR	SILVER	BURY
STOOD	SINNED	STRANGERS
BEFORE	BETRAYING	
ARE YOU	INNOCENT	

```
E H V C W Q B I W L C L J U F G J Q C S T R A N G E R S
F U S W E J E H T F O G N I K P O R S N Z O E R O F E B
F L L X E N Y U E Q J B P X Q A R E Y O U Q D Z D I Y R
R E U B Q O O J X S R J I L C R D M T H R E W W X K A I
S D Y Y O M R A Q H Y L W U M J E B N Q D E G N A H W V
I A Y J G K N E X B R G L S K X L P H F O P X B M R U L
L W D G H S J G M U T V X A E J E R B P J P O E X B T M
V A M X W W F V W O A U P D M J V W K Z U O R T W K J R
E Y C E Q G Q H V I R B V U A W R A X B Q N O R T N E Y
R F R W O Z K K O K F S J J C X A N R D U T N A Z E F E
Y E G X C G S U Q B W T E K D T M O Q E G I R Y C I R G
D P O X R I L G R C U L S F W W U T G T N U E I C Q V S
Y S P B N R K F N A Q J T L U G Q N H L I S V N O G E Q
H I Q N F G Y L S T D Z O J H L X L X U N R O G C N S E
W K E D E R E V I L E D O T R H L P I S R Y G Q E W X P
H D N D B W J M L A Z C D G B Z J W C N O R K A R O U E
U C S H L A C B G B J X Q G K E U O X O M U W B K D G Z
K C U Q X E G N B W D E P A R T E D N C M B W Q L E C K
M K S T W U I L K O P K S Y P H N Q P I X H O C T K A P
W H E G M H V F Q R U A I S X D S E F Y V M A A W R M Y
I F J W T W R E N I Q N K D Q Z H W S J B D L H N R E W
E R I O S P T H G U O B D G R E A T L Y K I Q W J I U H
Y L N Y Q T K H R Z D S Q X S M H N F L P O A Q J A U U
R Q S G P E L P T I N N O C E N T X C M M Z W L I A Y Q
```

55

Easter

JESUS TAKES THE PLACE OF BARABBAS AND IS DELIVERED TO THE SOLDIERS
Matthew 27:15–31

And they stripped Him and put a scarlet robe on Him. When they had twisted a crown of thorns, they put it on His head, and a reed in His right hand. And they bowed the knee before Him and mocked Him, saying, "Hail, King of the Jews!" Then they spat on Him, and took the reed and struck Him on the head. And when they had mocked Him, they took the robe off Him, put His own clothes on Him, and led Him away to be crucified.

Matthew 27:28–31

ACCUSTOMED	CRUCIFIED	SOLDIERS
RELEASING	COULD NOT	PRAETORIUM
PRISONER	PREVAIL	STRIPPED
NOTORIOUS	TUMULT	SCARLET
BARABBAS	RISING	ROBE
JUDGMENT	WATER	CROWN
SEAT	WASHED	THORNS
WIFE	HANDS	REED
SUFFERED	I AM INNOCENT	RIGHT HAND
DREAM	RELEASED	MOCKED
ANSWERED	SCOURGED	LED AWAY
LET HIM BE	DELIVERED	

```
W A S H E D G W I S W A T E R N H G T Y M P S S X B F V
I E A J Q A T U N C O S M T N O H E F D L R N T W Q U T
S O X C V C H R N B P Q T O Z T I Y C F E A W K S G L N
T U Y O D F O W H M L Q U N K O H I F N D E Q B S G U E
R W L Y I H Y C K E F H M D C R L D C A A T Z T C E A C
I P N J T J Q K T K H J U L F I I S S C W O L N O M D O
P Q W P U U L H T W L H L U Y O J E O V A R W E U Z G N
P Z O I N Y I M R B V N T O M U L R L P Y I T M R S R N
E C R V P M U M A L A E U C S S Z O D Q B U Q G G B P I
D X C T B V V B S E B R C W M L T L I I Z M S D E D R M
D G R E P V M C O S R R A A V C V G E H J T U U D M E A
L N Q R X Q A W U T R D P B A X C J R R X V L J Y C V I
I F A F E R T F N G A Z U A B Y E Q S D P P D Q Y I A W
R U J H L L F K U Y D E Q O M A H I E Q A R Z J H E I A
O I R E T E E W K E V D S X V R S E L N E I G X R R L B
X T T D R H S A S Y E R L X Y S R T S V E S S T N L C C
P F Y E G Y G A S I L M H N Q G N W C P T O K P D K A J
W I D X R C E I F I K D E L I V E R E D R N X Q Q V V P
C J M X S L Z I R H N M V Q G R R F E V J E L E J A C R
S K O B E O C V A Q I G V Y E J R Y N Y H R I C X D N M
X N C R F U M W N I M H H D V S X I K W X A H W G R N B
G I K M R F I J G N I S I R D B K V N K T V N U I C Y M
L V E C C R M X A F N K E A C C U S T O M E D D P F V U
Y V D G W Y R F X J K V Z I S N N E B O R C U I S T E O
```

56

THE CRUCIFIXION: JESUS IS PUT ON THE CROSS
Matthew 27:32–44

Then they crucified Him, and divided His garments, casting lots, that it might be fulfilled which was spoken by the prophet:

"They divided My garments among them,
And for My clothing they cast lots."

Matthew 27:35

CYRENE	SOUR WINE	THIS IS JESUS
SIMON	GALL	KING OF THE JEWS
FATHER Mark 15:21	CRUCIFIED	TWO ROBBERS
ALEXANDER Mark 15:21	DIVIDED	RIGHT
RUFUS Mark 15:21	GARMENTS	LEFT
COMPELLED	CASTING LOTS	BLASPHEMED
BEAR	FULFILLED	WAGGING
CROSS	PROPHET	HEADS
GOLGOTHA	KEPT WATCH	REVILED
SKULL	ACCUSATION	

```
R D W X W S Y N T F Y D Q W Y V N V P S P O K D Q D J X
G V F J Y C O H Q Y F S T H G I R I Q E S B F O S K R D
Y O Q U G M T W O R O B B E R S T E H P O R P C S S H S
J B R R L W U Y A B P I W I D G L K U R I X B K X F D W
U E V C E F E Q F W Y Y F X V F F Z Q U G J F Q L N T B
S J U F I D I H C T A W T P E K K R C F Y A U E Y K K R
B K E H F M N L Y C R M A S D V X G W U P B A W N K Q
L P N K U V F A L K J R C G J Y D N F S G X F N A H H D
A A S P H Y E S X E Q E C A S C E F A T H E R Y E M W S
S G H S N S T R Q E D D U R S L I Q C B S W Q A B C T J
P M L T P F G F X A L F S M O Z F Q C N F H S W W O C G
H L S M O S V D E J V A A E R P I O O C T R O A L S U P
E M W Q A G U Z N L J B T N C A C I A U H V G G Z W D O
M G J V S Z L L U K H L I T Q Z U V K X Q G N Q F E Y K
E G A Q E Y J O U D B U O S U G R S H Q I I D F D J V W
D K U L O N C V G M Z P N J D P C D C N T V S J V E M E
W J T H L E N I W R U O S E J H M F G S X I B E G H S Q
T H O C P R C C C D E L L E P M O C A I M P N Q Z T Q D
W X Z F Y H X H M L D I Y V Z B V C X O Y Y I Q E F I C
G S G K S R E T L Q V D Z D K U B K N D J B R K H O D L
O R B F E A E U J E Q E Y A H I P Z P J Y G L A H G W O
F U W V D X K N R T H I S I S J E S U S H Y S B P N U E
M T U S P S Q L E P D E D I V I D D J Z R K X T Q I R D
U D D D U K G M B W A H G S U A D P D P O N R T K F S
```

Easter

THE CRUCIFIXION: JESUS DIES ON THE CROSS
Matthew 27:45–54

And Jesus cried out again with a loud voice, and yielded up His spirit.

Then, behold, the veil of the temple was torn in two from top to bottom; and the earth quaked, and the rocks were split, and the graves were opened; and many bodies of the saints who had fallen asleep were raised; and coming out of the graves after His resurrection, they went into the holy city and appeared to many.

⚜ Matthew 27:50–53 ⚜

NOON NIV	SPIRIT	OPENED
THREE NIV	VEIL	BODIES
DARKNESS	TEMPLE	SAINTS
CRIED OUT	TORN IN TWO	RAISED
WHY HAVE YOU	TOP	WENT INTO
FORSAKEN ME	BOTTOM	HOLY CITY
SPONGE	EARTH	APPEARED
VINEGAR NIV	QUAKED	CENTURION
HYSSOP John 19:29	ROCKS	FEARED
IT IS FINISHED John 19:30	SPLIT	GREATLY
YIELDED UP	GRAVES	

```
K G D L S Y O Q R U I K G A P P E A R E D R D S P L O F
D E H S I N I F S I T I E W Q Y S M K V P O S S Y H X E
V X H P L Q R T E V H W Y P C R G S C E J N R O O A W N
T E M P L E P E Q U A K E D R S F N V S O C E E R H T Y
K D Q S Z B V G S X H A P A I K M S Z O Q V M H I G R W
U A N A X H N D L B R Q D W E N T I N T O Z B J P I U H
U O B P Q P T F O T L E C D D Z R B V Y U N N V H K K D
D N Y I G J R D H Y Z G R Y O M F R B H K S D Q M D K A
E L Y E B G I B F N C Q Y Y U K Q M A S G M Z E T F B W
N H R X V E P X M O C F A U T H Y C Y G J F D P R K W L
E S Y C S A S J N K R H O L Y C I T Y S E V A R G A X F
P Y R X J C H P E G M S P D G R E A T L Y N Q Y Z X E D
O C Q K D W X Y O H E Q A S D L N R L B K J I Y I B D F
J P A L U C R M H N M D K K P V K U N V Y W D V Y M F W
G N D I F Q P O A W G R E S E I Q A K O V A S B O K I S
U O F E R J F A S V M E J S H N R J S Q I U P T F P K S
I F M V R X T S X Y X R F V I P M I S Q K R T H U A V E
T Y P V R N K K J G T B K N O A Q E T B C O U D H W H N
X P S K C O R H A Q S A V T H N R S Z Q B Z E T S K I K
S U T D M I M Q F W J P R F R N C K S X E D R Q N C R R
G Q W N S A I N T S W K L G Q C F H S N L S T Z D E P A
U W Q N B V Q G X A U G S I D G C W J E L Y S T P S C D
P A J U N Q Y S A B T F C Q T B K I I Q M G U U L D M K
V J O W T N I N R O T E D E V A Z W Y X B M J R G A M G R
```

58

Easter

THE CRUCIFIXION: THE SOLDIERS PIERCE JESUS' SIDE, AND HE IS BURIED
John 19:31–42

Now in the place where He was crucified there was a garden, and in the garden a new tomb in which no one had yet been laid. So there they laid Jesus, because of the Jews' Preparation Day, for the tomb was nearby.

John 19:41–42

PREPARATION	WATER	ALOES
DAY	JOSEPH	HUNDRED
SABBATH	ARIMATHEA	POUNDS
BROKE	SECRETLY	STRIPS
LEGS	DISCIPLE	LINEN
JESUS	ASKED	SPICES
ALREADY DEAD	TAKE	CUSTOM
DID NOT BREAK	BODY	GARDEN
PIERCED	NICODEMUS	NEW TOMB
SIDE	BRINGING	LAID
SPEAR	MIXTURE	
BLOOD	MYRRH	

```
N K W C X W S T X R W F B X S K T S N Y E F S Q C Q C J
E H T X A J T L R X F A C P V N J Y G L R H X O X D Z I
Q G R K U I P Q B C E W K A E R B T O N D I D D H S F N
D I A L N W N W E G M J P O V J E E K O R B Y W I L T K
X S A B B A T H X F S I F Z K K J H M O C A J G G Y L A
M W E C A E H T A M I R A S D A E D Y D A E R L A H W Y
H N R N H R V P I D V D R V C A H B H G D Q A S K E D Q
B L C K L C E Q X G W P L C B E U P Y G G K M B D S U H
S G D J P W V T S K A S J O P L Q M F R W J I O H E V P
G A C K R Y E Z A C B C D R I P N N H P O G X B D R F E
V R V V E B L H J W T Y J V E I R T X M H L T Q S J R S
E D P J P A A V D Q Z L P S R C R K S D X R U K J G I O
N E V H A H Q D V S L N P B C S X M Q G K A R V L V U J
F N H D R D K E S N K E P A E I C F J K E V E Y V V D H
R W E C A O A J N Q A C Q Z D D Q S X M K L W F M O S M
D W P L T D N Y S R U S N C S E C R E T L Y U O O D H S
C S Y Q I N E W T O M B U C S T G N P V J M R L X R X G
U T P C O J E Q L G R Y I M J P R C A V K Y B Q W S N T
S R A L N Y F I O G T B Z E E D E R D N U H V O D E D O
T I U E T L N T C X R X S D S D D O K P A A Y N Q N Q X
O P D A Z E G E D D W U N M Q J O D A L O M U I E Q Y F
M S K W N G V K V L S S P I C E S C O U Q O S E Q S C B
K E Q Y K O I H P N K F H T R C Y E I W P L I Y H T R H
H J K B R I N G I N G I L K W S S N H N Y J O C O Q Q O
```

59

Easter

THE RESURRECTION: THE EMPTY TOMB
Matthew 27:64—28:13

But the angel answered and said to the women, "Do not be afraid, for I know that you seek Jesus who was crucified. He is not here; for He is risen, as He said. Come, see the place where the Lord lay."

~ Matthew 28:5-6 ~

TOMB	HEAVEN	RISEN
MADE	ROLLED BACK	GO QUICKLY
SECURE	DOOR	TELL
SEAL	COUNTENANCE	GOING
SETTING	LIGHTNING	BEFORE
GUARD	CLOTHING	GREAT JOY
DAWN	WHITE	RAN
MARY	SHOOK	MET THEM
MAGDALENE	FEAR	WORSHIPED
EARTHQUAKE	DO NOT BE	
ANGEL	AFRAID	
DESCENDED	HE IS NOT HERE	

```
I Q K L I M W C Y M I G N I O G A W X J R R J M L Y U S
F O I G P J G T E U G V O S X J F N K N Y I A K M J P H
B Y S S N R Y H M O N G E K X O R D B P E Q E C G J T X
N V H D Z V T V Q L R A I I J P A H H H W P G V C B M L
Y H M R J T D U J E L Q J C F N I Q K V K J X S V R A N
V O Q J E M I S A E H W M O V K D H Q D E D N E C S E D
L S C M W C V T Q Q K T V I Y G N I H T O L C G F J C D
V B E W K N J W M Y S A R I S E N V T T S B F C Q E N R
X T Q L E O H X K S H U U F G N P X D Z D A W N E B A I
K X Y V Y M T T V G D Z W Q G N W B M O T Q E T R K N R
K Y A R O L L E D B A C K M H U I N C S D P R R S B F U
P E S W G P F O F S A U B T R T A T Z R G L E Z F J S A
H Q M E C N A N E T N U O C J E R R T Q T V H B A X O I
P E Q G J D L H I G X R V F B Z I A D E Z L T S H O O K
H D G N Y L W R F Q G O K T E D A M E M S I O C A Z Y L
I E Q I B V H J J A Q M O Y V O D L X A P R N N B W R M
B P L N Q W V R Q A D N W Q M D V C Q G V O S Y V P K K
E I C T F P F L N S O J M I O M X O A D E O I D K N O A
F H I H E I N G E D E Z C O S A R Q L A L H E C F C R J
O S R G P Q E Q E N H B R E M G K O B L G J H T B K W C
R R B I X L V H L P U M C C K Y G J Q E R D E P K Q O D
E O Y L V C H U P C I U E C F L R H A N Q L C E I F Y I
B W E M F W J W E P R Q E T I H W A Q E L V T C E U F M
U N M I A I U C B E B A L B L P T X M R P B X G F D N C
```

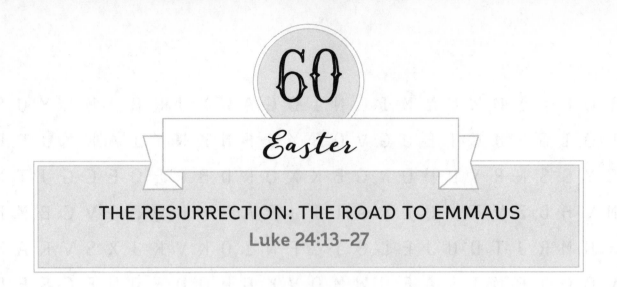

60

Easter

THE RESURRECTION: THE ROAD TO EMMAUS
Luke 24:13–27

Now behold, **TWO** of them were **TRAVELING** that same day to a **VILLAGE** called **EMMAUS**, which was **SEVEN** miles from Jerusalem. And they **TALKED** together of all these **THINGS** which had **HAPPENED**. So it was, while they **CONVERSED** and **REASONED**, that Jesus Himself drew near and went with them. But their **EYES** were **RESTRAINED**, so that they did not know Him.

And He said to them, "What kind of conversation is this that you have with one another as you walk and are sad?"

Then the one whose name was **CLEOPAS** answered and said to Him, "Are You the only **STRANGER** in Jerusalem, and have You not known the things which happened there in these days?"

And He said to them, "What things?"

So they said to Him, "The things concerning **JESUS** of Nazareth, who was a Prophet **MIGHTY** in **DEED** and **WORD** before God and all the people, and how the chief priests and our rulers delivered Him to be **CONDEMNED** to death, and crucified Him. But we were **HOPING** that it was He who was going to **REDEEM** Israel. Indeed, besides all this, today is the **THIRD** day since these things happened. Yes, and **CERTAIN** women of our company, who arrived at the tomb early, **ASTONISHED** us. When they did not find His body, they came **SAYING** that they had also seen a **VISION** of angels who said He was alive. And certain of those who were with us went to the tomb and **FOUND** it just as the women had said; but Him they did not see."

Then He said to them, "O **FOOLISH** ones, and **SLOW** of heart to **BELIEVE** in all that the prophets have spoken! **OUGHT** not the Christ to have suffered these things and to **ENTER** into His glory?" And beginning at **MOSES** and all the Prophets, He **EXPOUNDED** to them in all the Scriptures the things concerning Himself.

```
K B V U B M F T H I N G S E N T E R H D E Z Y F I K J Y
N B B Q X P V G B I Q R L H I N B G F H S Q C N H V H T
C D R O W J L I L B W B Q G T T N M K O A J S K E V F V
Y W O L S U W X L C C T W Y S E Q K M N P W A V P C J G
B T S H S R V Y I L T S M Q L C G L O S O Z V N X T G S
H A H Z F M W R R W A H E T H I R D S U E Q I L X T B P
E I F G Q O R D G M V G G Q H S H L E S L H S D Q I D N
S S R N I R K E R H D P E U W H T O S E C A I E Q L M M
J O D M E M E D S T B E I Z O P J R T J Z N O N S I J B
I X P X G F I A X T G Y N X U X S T A L X B N E B P R P
Y P L R O L W U S H R T T M U R G K E N N S Q P H Y F W
U D N U U T P Q F O W A Q Y E R B K J H G K G P W P D X
E C N C Q K P W E O N J I L Q D D R Z M N E Q A V O H M
P D H V A F Y U G I K E K N J C N X P B E Z R H D J Y L
M B N U W J F U Z J A H D P E I W O Y S V E C L K T P U
Y B C O N V E R S E D Q A T N D K S C U E Y R V H B C F
I Y H G G N I Y A S P K Z A S B M O R A S E U I R X F I
H O P I N G Q C E V E I L E B L S H W M X S Q J M R D A
O G Q S Z D E G N I L E V A R T D S E M G X Z R N F V P
X Y G B G K C V C K R Y Z C I X B I W E I A W D F N T B
P K E M O I S D E H S I N O T S A L Q T N R E W X H U I
B V S Z E D X O N I A T R E C B D O K V U E R R K L Y P
D E D N U O P X E A X J Q B P E H O N Q D M R E D E E M
T A L K E D D P N L U I U Y W M G F I K L S V Y B L M K
```

61

THE RESURRECTION: THE DISCIPLES' EYES OPENED
Luke 24:28–35

Now it came to pass, as He sat at the table with them, that He took bread, blessed and broke it, and gave it to them. Then their eyes were opened and they knew Him; and He vanished from their sight.

Luke 24:30–31

DREW NEAR	EYES	FOUND
CONSTRAINED	OPENED	ELEVEN
ABIDE	KNEW	LORD
EVENING	VANISHED	RISEN
WENT IN	DID NOT OUR	TOLD
SAT	HEART	ABOUT
TABLE	BURN	ROAD
BREAD	WITHIN US	KNOWN
BLESSED	RETURNED	
BROKE	JERUSALEM	

```
D Q V R Y G I N O I P T M E L A S U R E J P T T
D L O Y V L L D I Y Q X N R Q M E H N L Q Y U C
S A B C A D N P A H F Q A E W H J H O X L O O R
D T N M Q U N E H P V I H U N D D Q J U B N I X
S V L B O S Z D V B G D L O T E D T I A S C V R
R S B F B F A F L E C J W S U A S D X T X V N R
B G E G G E Y E S Q N C J E D S U I R L M K E T
M G S R R M S P C E E I S K N V Z A R Y L T A W
V I C B W S Z E R C Y M N B V T I D W Z U S P J
W L J C E I W C O S J E L G R N I Q Y R J Y V K
A S Y D E M T Q K U Q A G T E H Y N N N F W R O
B L T E Y M K H P C I O D D Y N Z E T L E J Z Q
I P C X R V K P I W M T J V D J D U L R S P L V
D T G I A T W X I N V W U P P B U K N O A U Z K
E H I H E V Q W R B U E E Y R E Z N Y N R E F P
M X R R N Z R E S R T S D O A U Y G J U L D H R
N R U B W P O N X Q F Z K F K S S Z E L B A T T
X H J U E I G K U Q Q E R U O T O N D I D J H N
G W F Z R Q M P X I D E H S I N A V P A X Y C S
L Y X M D K N O W N A J B U W Z N E V E L E Q N
```

62

THE RESURRECTION: JESUS APPEARS TO THE DISCIPLES
Luke 24:36–49

Now as they said these things, Jesus Himself stood in the midst of them, and said to them, "Peace to you."

Luke 24:36

STOOD	FEET	COMPREHEND
MIDST	TOUCH NIV	NECESSARY
PEACE TO YOU	FLESH	SUFFER
TERRIFIED	BONES	RISE
FRIGHTENED	SHOWED	REPENTANCE
SUPPOSED	MARVELED	PREACHED
GHOST NIV	BROILED	ALL NATIONS
WHY	FISH	WITNESSES
TROUBLED	HONEYCOMB	TARRY
DOUBTS	ATE	ENDUED
BEHOLD	OPENED	POWER
HANDS	UNDERSTANDING	

```
Q J T Q P I X G G K X A R D H C N S V Q H I G F O H U O
D M E M H N Q U H H Y V X E W E C N A T N E P E R M O A
Y I D K C V K C M W R Y U L R R K E F Z T S U T C W K R
H Y T Z U V S G X E R K U B G V D W Y G R Y Y G N R Y D
W C Q P O C Q E N S A F V U L B C N H H U X A H Q Y L D
D I C L T T L B N I T U U O V J N E N D U E D D N J E J
B Q A D U J Y J E O D J J R B T K Y R D C M B J O S Y R
T T N D I T H X Q H B N A T B Z R K F Q Z Y E Q O O Y S
T S X R E Q J M C R O K A T E R R I F I E D V P Q R T J
E H D E W L Y M C N Z L J T I D C W S B I Q P H G E A S
F Y F I U N M X T Q R Q D E S J Z F W Z I U Y R U W W E
T K P H M S N O I T A N L L A R O I S Z S J P U V O I S
S Q I B X M F H G H S I F C D E A Q T U H Y D Q P P I
E C L Q F G W P C R K U J P Z Y H D O Z D K L D V R C R
S H O N E Y C O M B M O S Y M H G N U E P N W R J O O
S L X G S L S V Q P A Y H R Q G J X L U N R M E T M M P
E G P O Q M S D K Y R O O A G H R Y B Q E E X D V E P E
N Q O S V V E U S V V T W S F H P H V U T A Q B K B R N
T Q B V T L D M V M E E E S K D O R N V H C D G Y H E E
I U P B I P J T V U L C D E H D C S K L G H F R X A H D
W U L O Q D J F C V E A I C Q R B R T R I E L L B J E N
E L R A K H H Y Y E D E Z E T C Y L T W R D V R E Z N U
X B P E T A M E H Y C P R N M X R U I X F M L Y F S D E
T E J A T D O U B T S C G S U F F E R L F H A N D S H G
```

The Ascension of Jesus

Acts 1:4–11

Now when He had spoken these things, while they watched, He was taken up, and a cloud received Him out of their sight.

Acts 1:9

BEING

ASSEMBLED

LED Luke 24:50

BETHANY Luke 24:50

COMMANDED

NOT TO DEPART

WAIT

PROMISE

BAPTIZED

HOLY SPIRIT

SHALL

RECEIVE

POWER

WITNESSES

LIFTED UP Luke 24:50

HANDS Luke 24:50

BLESSED Luke 24:50

WHILE

WATCHED

TAKEN UP

CLOUD

HEAVEN Luke 24:51

TWO MEN

WHITE

APPAREL

STAND

GAZING

THIS SAME

WILL SO COME

LIKE MANNER

STAYED Luke 24:53

TEMPLE Luke 24:53

PRAISING Luke 24:53

C A K N C V S L M D H M B V R D F T S P V N O V F D C L
M V M W F H H T I B C Q O H W E B O Z E V I E C E R N L
V H C P S R T A A I P K W V I G C I H L Q J O D A G C F
R T B N F K O H N Y A T J I T V Y F V S M S E H O V L F
V T W O M E N V E D E H U K N F X T I F T D B J I R U N
D S C V B V L L M L S D T P E B H X S J N I G O F R X E
P E B T A K E N U P I C Y R S D T O A A E B R S E D L M
O S O D Y J U I P O V H M G S R D M T G D M H S P I A
N V D B T C Q W Y Q W T W R E R D M I T X Z Q A K F K S
H C E G O M F D T N W H B L S Q O H H A N P R L R G E S
B I H E Z E L H I U A Y N I L C W I D Z V H U L P N M I
H H C L N N O O A L S H O F K Y B S O E F V L O V Z A H
V S T P X T S L W N E R T D O X X Y D G T E W A I K N T
H E A M G M O Y W N A D E W T S B Q K R E G P L K N A
E P W E M N Y S V K H Q R P B L B T A A R Y O V I Q E P
A V H T V J T P W P W K R E I Q I L P P V S K I G V R F
V J B Z G V N I T L S O E J C O A P Y D T E F S N Q Z Y
E A C Q A D P R X F M E B Z L F A U Y O J I F C I M C F
N S T A N D T I M I B H U S R L C F V K Q E Z L E U K E
E O Y D J D R T S Z D S J M Q P R A I S I N G E B U V T
I H Y V T F Q E R N O T T O D E P A R T X S O R D S U D
Q U X H M G K D W L K S Y Z C L O U D L I F T E D U P O
P B N D A S S E M B L E D E M O C O S L L I W V E V S J
Y X Y G A Z I N G K Q O A B L E S S E D B I K B R D M J

When the Day of **PENTECOST** had fully come, they were all with one **ACCORD** in one place. And **SUDDENLY** there came a **SOUND** from heaven, as of a **RUSHING** mighty wind, and it filled the whole **HOUSE** where they were sitting. Then there appeared to them **DIVIDED** tongues, as of **FIRE**, and one sat **UPON** each of them. And they were all **FILLED** with the Holy Spirit and began to **SPEAK** with other **TONGUES**, as the Spirit gave them **UTTERANCE**.

And there were dwelling in Jerusalem Jews, **DEVOUT** men, from every **NATION** under heaven. And when this sound occurred, the multitude came together, and were **CONFUSED**, because everyone heard them speak in his own language. Then they were all **AMAZED** and marveled, saying to one another, "Look, are not all these who speak Galileans? And how is it that we hear, each in our own language in which we were born? **PARTHIANS** and **MEDES** and **ELAMITES**, those dwelling in **MESOPOTAMIA**, Judea and **CAPPADOCIA**, Pontus and **ASIA**, Phrygia and **PAMPHYLIA**, Egypt and the parts of **LIBYA** adjoining **CYRENE**, visitors from Rome, both Jews and **PROSELYTES**, Cretans and **ARABS**—we hear them speaking in our own tongues the wonderful works of God." So they were all amazed and **PERPLEXED**, saying to one another, "Whatever could this mean?"

Others **MOCKING** said, "They are full of **NEW WINE**."

```
J L K S Q Q T N S R Q M P V A X H L K U O L O Y U U A V
A I Y R O Q B Q H M Z B W C R V U Z A A V Q V E M V C B
H J Q J Q U A I C O D A P P A C O N P T E S R S B Y Q I
N N K G L Y N D P S W U Q J A S E V V D P P P M E Q P C
V L J R Q Q B D D E Z A M A E W S D A A H Q S B S K P P
D B D T W M V P G T W I P U W T U O V E D A I U U E L Y
L E X T B Q M Y R T S U G I V R D G F F N A Z P O J C A
S C S O A V D N S H K N N T Q A D S N V K I J O H S I I
N N K U Q Z F R B T O E J B Q N E E C I H O Q N B I E L
S A N X F R C S N T Q G X C U I N D A H H B H A R L D Y
R R J M V N X B X A M B T I M V L E F I Q S R Z H Y V H
P E I X E X O S Y X T A T P G F Y M J U S A U R B B Q P
Y T O Q Y Z Q C V X Q I F P R B I S H V V A T R M D O M
D T Y C D E D I V I D X O R L N X L Q E D L N I J Y Q A
S U H H R F S J H L R Q X N N Y W H L W C V P K A W E P
H Y J A L F M J I E W W F B M U N W P E R P L E X E D F
S P F A Z P K B R Q H V N L M T E Z V C D H B J R W B E
M H Q R T U Y I U C N X J I J A C C O R D W Q R I Q S O
R B W D Z A F R O F K A M M M V N Z B C S C Y R E N E W
L B L W N L J Z F X L H L F Y H J P R O S E L Y T E S D
O W C E P P E N T E C O S T K G B K S E U B O C U G G N
G D I S M J G Q X M A I M A T O P O S E M A H N N E Q L
R T Z V Q E V D M A J V V F Q X R T D M O C K I N G Y F
D S E T I M A L E L U I L T A S N A I H T R A P C J P Q
```

65

The Holy Spirit

"And I will pray the Father, and He will give you another Helper, that He may abide with you forever—the Spirit of truth, whom the world cannot receive, because it neither sees Him nor knows Him."

John 14:16–17a

BAPTIZE Matt. 3:11	TESTIFY John 15:26	BEARS WITNESS Rom. 8:16
DOVE Matt. 3:16	CONVICT THE WORLD John 16:8	GROANINGS Rom. 8:26
CAST OUT DEMONS Matt. 12:28	REPROVES John 16:8, KJV	CANNOT BE Rom. 8:26
REVEALED Luke 2:26	GUIDE John 16:13	UTTERED Rom. 8:26
GIVES LIFE John 6:63	SPEAK John 16:13	FRUIT Gal. 5:22–23
HELPER John 14:16	THINGS TO COME John 16:13	SEALED Eph. 1:13
COMFORTER John 14:16, KJV	GLORIFY John 16:14	PROMISE Eph. 1:13
ABIDE WITH YOU John 14:16	DECLARE John 16:14	GUARANTEE Eph. 1:13
SPIRIT OF TRUTH John 14:17	FIRE Acts 2:3–4	WISDOM Eph. 1:17
DWELLS WITH YOU John 4:17	RAISED JESUS Rom. 8:11	REVELATION Eph. 1:17
HOLY GHOST John 14:26, KJV	FROM THE DEAD Rom. 8:11	ETERNAL Heb. 9:14
TEACH John 14:26	ADOPTION Rom. 8:15	GRACE Heb. 10:29
ADVOCATE John 15:26, NIV	MAKES INTERCESSION Rom. 8:26	GLORY 1 Pet. 4:14

```
G Y R N G C A S T O U T D E M O N S J P M D E I G Q S D
R L H R F W Q Q Y H F S F R U I T X E T A C O V D A S M
X W G W B R J O F D A E D E H T M O R F C Y Y G R B P A
A F B I J U W A I U M F X C M Y L V J P I F K I M L I K
D P P H V F J Q T D M Q D T H F M D N D S I G K O R R E
O K U C E E E C S F G F M P S V O T K S V R N Z J T I S
P Q Z O A L S T E H R E T R O F M O C M S O O D Q H T I
T R Q G T N P L T S P E A K O V X W S O R L I E G I O N
I B L W U V N E I K Q V K T E A C H Q R T G T R J N F T
O M O D S I W O R F N Y V S N D G M S U F N A E Z G T E
N S B P N Q D B T U E X N S D E L A E V E R L T X S R R
T E L G I Y B E H B G R A C E X A M P H Q K E T P T U C
I H H M M I K J C I E M A Q Z V R G X X I P V U Y O T E
Y E U O Y H T I W E D I B A V H E R I F W P E D I C H S
R F K H B A P T I Z E S G K L P F A L S L R R O B O U S
O Y L A Q X E E R A L C E D U Q J G D E E X I V C M O I
L K I R H O L Y G H O S T D E Z R H S F S A Z E F E G O
G F G L J P Q S S E N T I W S R A E B F G I L G G Q E N
K D R A I S E D J E S U S G L F L C M Q P U M E S N W T
Y R H Q L Z H J C T K H E W G U A R A N T E E O D H D C
B Y S D C D W E L L S W I T H Y O U I Q S J R N R R W S
B E T E R N A L D L R O W E H T T C I V N O C S K P G R
L U F E C Z I Q G R O A N I N G S T E Z P J L G R O D T
V I S Q B G M N E U I M S Q R E G S E V O R P E R U T Q
```

66

Saul's Persecution of the Church

Acts 8:1b–3, 9:1–8

As for Saul, he made havoc of the church, entering every house, and dragging off men and women, committing them to prison.

Acts 8:3

PERSECUTION   MURDER   FELL

AGAINST   ASKED   GROUND

CHURCH   LETTERS   HEARD

JERUSALEM   SYNAGOGUES   VOICE

SCATTERED   FOUND ANY   WHY ARE YOU

JUDEA   OF THE WAY   PERSECUTING ME

SAMARIA   BRING   I AM JESUS

SAUL   BOUND   TREMBLING

MADE HAVOC   JOURNEYED   ASTONISHED

DRAGGING OFF   DAMASCUS   ARISE

PRISON   SUDDENLY   GO INTO THE CITY

BREATHING   LIGHT   WITHOUT SIGHT

THREATS   SHONE

```
O O E G O K L K R Y H J E R U S A L E M R Y D X C B Y D
L D E M G N I T U C E S R E P A Q Y I W L F Y R G A E G
A E V O I C E E S P S L O M R S W I T H O U T S I G H T
U H V B Q Y B P U Z R J W S X K O G S E U G O G A N Y S
H S U J L U O Y E R A Y H W Z E E D R A G G I N G O F F
Q I T D N U O B A L U K L I Y D P J H C S M B F M N E I
Y N C I W J S A M A R I A J N F D D R A E H G L O Q F J
B O P U G Q N F E J T B F Y A O Y T R E M B L I N G E B
Y T L B H E E C Q B I E G Y D Q X P J F W Y T E X O R S
C S E S R N A O Y X L D R I N H G T G T N U A B G I J U
I A T A A O A G K L M O Z U K H N P W C E V C T N Q C
G C T U J H E J M H F X U B O T I B K E W J O F X T N S
P J E L Q S D H K E T S N P F H J I S G Z K D S A O C A
G X R R I V U B G S H J D T T K C R C F B Q T G H T C M
M P S Y Y N J E N F W W W A Q Q E I Z E T A C P N H O A
P Q O K I Q D I J H T P E N E P H U D C E Q J D H E V D
G K M C Y D A E C V P R S Q D E Y E N R U O J M R C A W
N M C K D G Q R R P B W N O S I R P H E T P B E T I H K
I O I S A P U C D E F G E T Q R F T A Q R H D L N T E S
R E H G S H F C W K T L V S S E K F P B M R G P J Y D G
B N F G C G C Q H E D T D X I L Q W V M U E V I D Q A R
Q A I A M J E S U S S D A O D R O K Y M A B B G L E M Y
B O F T H E W A Y Y Q O T C R H A I N G N S I D W Q M S
N W E M S M M R S D D W K J S S W Y L N E D D U S M E F
```

Saul's Conversion

Acts 9:9–20

And laying his hands on him he said, "Brother Saul, the Lord Jesus, who appeared to you on the road as you came, has sent me that you may receive your sight and be filled with the Holy Spirit." Immediately there fell from his eyes something like scales, and he received his sight at once; and he arose and was baptized.

Acts 9:17b–18

THREE DAYS	CHOSEN	RECEIVE YOUR SIGHT
NEITHER ATE	INSTRUMENT NIV	FILLED
NOR DRANK	BEAR MY NAME	HOLY SPIRIT
DISCIPLE	GENTILES	FELL
ANANIAS	KINGS	SCALES
VISION	CHILDREN OF ISRAEL	AROSE
STREET	SHOW HIM	BAPTIZED
STRAIGHT	HE MUST SUFFER	FOOD
INQUIRE	ENTERED	STRENGTHENED
HOUSE	LAYING	IMMEDIATELY
SAUL OF TARSUS	HANDS ON HIM	PREACHED
PRAYING	SENT ME	CHRIST

```
H P Q B L K P Q R M T Y K T N E M U R T S N I E D T R N
M W W N V X G S O M B A A P U D I R O K B X L L E F F B
E Q V M W F O S E L I T N E G W Y H E V S E N T M E N P
X M T E S S I U S V R C P H O L Y S P I R I T R L K I E
R K A U T K S L G B M E S N R S C A L E S V W A K P N D
E Q N N L A V R L Z A G F T S E O V T V O H B Z K X Q J
C C G S Y P R D C E Q P N F R T W Z Y H X C W S H M U O
E F N O V M R E U H D P T H U A R Y F G R L W Q E M I O
I K I X P I R A H O A N Y I O S I E F X I E U G C Q R F
V N Y C S U V A Y T N C C L Z U T G N S W V E B P F E L
E M A I Q Y C X E I I W V R P E S S H G Q W L D U R C O
Y F L I N L Q C W B N E U N V U D E U T T C R W A O R R
O H X K Q D O F E D W G N W F Q Q A T M G H V G Q Y R V
U N G T S G N I K E O B E S O R A B L Y E R E B J S S M
R E T R X C S I G J E P R E A C H E D A O H V N F U H K
S S W I B Y L C H I L D R E N O F I S R A E L R E P M T
I O E L P I C S I D N N E C E E U B W D G B I S N D R S
G H L J B T O R V G E N Q S D S B B B K N F E N I Y E I
H C N X C N G C A N A N I A S H T R N C P V X V Q W N R
T N N C W D C E Y W F H E W B C O V S T R V I S I O N H
X L I X R F Y L F M I M M E D I A T E L Y R N J Y Q K C
C Q U N O R D R A N K Y I G J B S U S R A T F O L U A S
M N P A K H X C M I H W O H S W F P D E R E T N E D E D
M X C H A N D S O N H I M S F O O D T K N S T E E R T S
```

68

Paul's Missionary Journey 1

CYPRUS AND ANTIOCH
Acts 13:2–52

And the word of the Lord was being spread throughout all the region. But the Jews stirred up the devout and prominent women and the chief men of the city, raised up persecution against Paul and Barnabas, and expelled them from their region. But they shook off the dust from their feet against them, and came to Iconium.

Acts 13:49–51

BARNABAS	PROCONSUL	SABBATH DAY
SAUL	SERGIUS PAULUS	EXHORTATION
FASTED	SORCERER	WHOLE CITY
PRAYED	FALSE PROPHET	JEWS
HOLY SPIRIT	BAR-JESUS	OPPOSED
SENT AWAY	WITHSTOOD	WORD OF THE LORD
SELEUCIA	PAUL	SPREAD
CYPRUS	PERVERTING	REGION
SALAMIS	WAYS OF THE LORD	PERSECUTION
PREACHED	BLIND	EXPELLED
SYNAGOGUES	PERGA	SHOOK
JOHN	PAMPHYLIA	DUST
ASSISTANT	ANTIOCH	FEET
PAPHOS	PISIDIA	

```
S W K P V K A N T I O C H N S O H P A P T W L J H G K K
W P A S S I S T A N T D A H X D H E T U O S U Y C A E T
E K P N K Q A J Z U U S R I O R T I C E X L S P G B H G
J O P P O S E D L V L F J O D L E E J S F E N L N R F T
Y S E L E U C I A H U A N W L I Y G H P J B O T D V N U
Q P Q G I L V Y R V I S S O S E S S I P S C C H W G K Y
J H X C H F U T Q S Q T Q O I E H I P O O Q O T I G W H
C D O W C S D A I H J E E N R T N T P I N R R R O R C W
M S R P R J K Y S P W D E X H C U T F Q R S P W M F A P
I S E U G O G A N Y S D O Z P G E C A O P I C E T V E Q
S C S P R E A D X E X K D N I E J R E W D O T X S R H Z
A E P A U L Q S O H M M O E Q R L N E S A R Q B V L M S
B D R K Y H L M R M X I V O H W R L K R R Y O E F T A H
A N O G R K Z T W K C K A T H C Q S E D P E R W C M W F
N A O O I K O S U R P Y C B O S A A U D C T P F P Y T P
R A Q I T U U U T E E F V Q B L Z E C G I S J R B T F M
A O G D T S S D T N B Q R O A L W V R N U X A V G I R D
B M G R E A H P R H I W T M R N I J G P E Y Q V V C S K
R N V J E K T T A J K T I D J Q W N T B E X U I J E G C
O C R J W P D R I U L S J C A W M B D D R A D J O L G H
J A J V D M N X O W L Q Z P A M P H Y L I A Y C H O R O
B U K S H P B T J H K U B E A V Q I Y W Q E R M N H Y V
G K O U Y M F J Y K X I S Q P S A B B A T H D A Y W X R
M I M X Y I R D Q W O E D R O L E H T F O S Y A W R I I
```

Paul's Missionary Journey 1

ICONIUM, LYSTRA, AND DERBE
Acts 14:1–22

Then Jews from Antioch and Iconium came there; and having persuaded the multitudes, they stoned Paul and dragged him out of the city, supposing him to be dead. However, when the disciples gathered around him, he rose up and went into the city. And the next day he departed with Barnabas to Derbe.

Acts 14:19-20

ICONIUM	LYSTRA	TORE
SPOKE	DERBE	CLOTHES
MULTITUDE	CRIPPLE	SCARCELY
BELIEVED	HEARD	RESTRAIN
STAYED	SPEAKING	STONED
LONG TIME	PAUL	DRAGGED
SIGNS	SEEING	SUPPOSING DEAD
WONDERS	HAD FAITH	ROSE UP
CITY	STAND UP	RETURNED
DIVIDED	LEAPED	STRENGTHENING
VIOLENT	WALKED	SOULS
ATTEMPT	GODS	EXHORTING
ABUSE	ZEUS	
FLED	HERMES	

```
T D V F A V B H A D F A I T H I S P E A K I N G Y K F Y
E W I B C H E R M E S Y F S L Y L O F K J E A P G R M L
H R C J L E X H O R T I N G T D L E N E D K L N N R N E
A Q T V F W I R P E F B E W K A V U V B K Q J S I M I C
B N V X Q S G R K D N Z D J Q K Y R J R D K T M E O A R
C W H G N F A I P U R K E A T J Y E M E O C G Y E G R A
F N P G G Q A U E T J Y V G K R Y W D D R R D J S E T C
G O I R P K E J B I M G E Q N W C S D I J D N X S N S S
U S F G K S V A F T D G I N P W R Q P U D K A L S J E V
O U C W O F E T N L E P L C T E A P H N V I U T S O R N
S E Y R Y M Z O E U N R E M D P L L I Y R O A T R D T N
U Z I C O N I U M M R X B N U E M N P B S N L O A X D T
P F Y H D A E O N G U O O L V W S E Y W D H R R K E N O
P C I J E E D S H J T W D E L F W B T U X X M W D T Q R
O Y S M H A N T B L E E G C A W Z X P T L X F I X I B E
S A X P W U R O G W R F A E R P C N M U A Y V X I X O E
I J Q M Q D B D T J V M K Y T V I Y A O V I O L E N T L
N V V B C S D O G S W G R T S Q T P H O D K O W V P A P
G T Y J C L O T H E S N H L Y U Y T K K T A H Q X B C B
D Z U Q X U B L I Q Z K X P L T Y F F D E G G A R D P C
E E S U B A I O J W A L K E D G C U A T Y Y W T N M T I
A E Y U G N I N E H T G N E R T S Y H E M I T G N O L B
D X W M J L T Y B B L E A P E D K I Y T M R O N C Y H L
J Q O W D V L C G J P S P O K E T G Q Q T S J F U X W M
```

70

Paul's Missionary Journey 2

DERBE, LYSTRA, AND MACEDONIA
Acts 15:36—16:15

And on the Sabbath day we went out of the city to the riverside, where prayer was customarily made; and we sat down and spoke to the women who met there. Now a certain woman named Lydia heard us. She was a seller of purple from the city of Thyatira, who worshiped God. The Lord opened her heart to heed the things spoken by Paul.

Acts 16:13-14

GO BACK	JEWISH	ASIA	RIVERSIDE
VISIT	GREEK	MYSIA	WOMEN
BRETHREN	DELIVERED	BITHYNIA	LYDIA
MARK	DECREES	TROAS	SELLER
CONTENTION	CHURCHES	VISION	PURPLE
SHARP	INCREASED	MACEDONIA	OPENED
PARTED	NUMBER	PLEADED	HEART
SILAS	PHRYGIA	COME OVER	
SYRIA	GALATIA	SAMOTHRACE	
CILICIA	FORBIDDEN	NEAPOLIS	
TIMOTHY	PREACH	PHILIPPI	

```
L O M W G U D Y T W B E H E D E N E P O U K R K L M M K
I J X O J E J D M R J Q P D E R E V I L E D Q H Q O C K
F B F M T N T Q E V K L A A X C H I P P I L I H P G J B
B P C E C K Y T L J F N Q W Q V S E H C R U H C F Y F K
G P T N P H H N N O I T N E T N O C V M X D M L O I K W
O N L H D R Q F H D N C F K G E K X V A V Y K S N H L E
I O F D E V Y X G D F R Y O Q D R C T R B C I P O J E D
I K R N X C N R A N U M B E R L K E H K A B C S I W E I
R P I I F W W G L P Y S A L I S L R V B H G S T S P B S
E X A K Q K E R A F U U V W H V J X O S D U T I I T G R
V G A R X E O E T R Y R K D H S J G X Y E C R M V U H E
O X J M T T Q E I Q X M P B K K I L U Y S D G O E Q K V
E T N O G E H K A O M F P L K F G W V V A V N T T U B I
M R E C A J D H A P D B H K E C D G E M E O G H E D E R
O O D W S E E R C E D M R N N Y R S W J R H T Y I K J C
C A D A I N O D E C A M Y Q F Q P H J S C Y H S V Q T Y
F S I W Q I T X W P C R G Q P F G A N C N Q F M A R Q F
F Y B T W M Q I D V L F I J L P T R O I I C N V O E I K
T H R G J Y O L S Y I V A Z H G V P Y I S S Z F C L O U
H E O C T W H I D I Y H C A E R P K R Y F A D R W L Q G
K A F Y P A S I A R V H B H H E C A R H T O M A S E F W
D R L P B U A C Y G S A Q Y J B Q I Q A M Y S I A S Q P
P T M I E S A I N Y H T I B D T A Q S I L O P A E N H H
T A M N Y A I C I L I C E W J D E D A E L P F V D A O E
```

71

Paul's Missionary Journey 2

PAUL AND SILAS IMPRISONED
Acts 16:16–34

Suddenly there was a great earthquake, so that the foundations of the prison were shaken; and immediately all the doors were opened and everyone's chains were loosed. And the keeper of the prison, awaking from sleep and seeing the prison doors open, supposing the prisoners had fled, drew his sword and was about to kill himself. But Paul called with a loud voice, saying, "Do yourself no harm, for we are all here."

Acts 16:26-28

SLAVE GIRL	MARKETPLACE	LOOSED
POSSESSED	MAGISTRATES	KEEPER
DIVINATION	BEATEN	AWAKING
FORTUNE-TELLING	RODS	SUPPOSING
FOLLOWED	PRISON	FLED
CRIED OUT	MIDNIGHT	LOUD VOICE
PAUL	PRAYING	WE ARE ALL HERE
COMMAND	SINGING HYMNS	FELL DOWN
COME OUT	EARTHQUAKE	TREMBLING
MASTERS	FOUNDATIONS	WHAT MUST I DO
PROFIT	SHAKEN	TO BE SAVED
GONE	DOORS	FAMILY
SEIZED	OPENED	REJOICED
DRAGGED	CHAINS	

```
Y T I F O R P E I U W C C H W E A R E A L L H E R E K V
K N N D N A M M O C J I R J Q F K E B Y I K J W C Q V L
K O S D W V P U V S T R Q O N H D K V Y Y K K H C P F J
Y I F L E D U W R L G A A E L K X L Q P D E S O O L L M
C T O T K S M E L N R S T O A N W C F G N I Y A R P L E
H A D G R N T W I U W A P K N E K A H S T R F D Q E R S
W N M N N S L L N V E E M R V S W G C W Q D W F Y T E D
J I X A A I B W M B N G Q J P A V H P A U L J T G E P I
I V Q M R M K V P E Q O H M I D N I G H T Y P P R N E Y
N I Q D E K T A D Y E N A F C H A I N S G P D V B Z E E
D D D R E B E V W L S E T A R T S I G A M E O V S G K M
Q O T E T V G T I A S J C O F Y H N R S V Y D I G G T
D V O A W B A S P D T U L N M K M B S S F P X E N V M U
Q S T K K O Y S O L Q I W N L H C O E E L D A G G X O O
P L N Y P V L R E L A N N X O B T S L G F E I G I J D D
J A D L R S P L I B W C K D J S S J W H R Z Q A N K I E
V V H I I P S U O O O R E K T O B C T V U I J R G E T I
U E C M S Q E C D F J T X V P O V P U U O E T D H Q S R
O G G A O Y W L P X E Q M C Q L I R M L O S O S Y U U C
W I H F N F L G N I L L E T E N U T R O F E C V M V M L
I R S M C E K C Q D L V Z M D O O R S S G Q M L N E T B
L L W P F M B Q B B T V E A R T H Q U A K E J O S I A D
F O U N D A T I O N S C M D R E J O I C E D X K C D H J
Q N E C I O V D U O L U S U P P O S I N G J F Q O C W Y
```

72

Paul's Missionary Journey 2

THESSALONICA, BEREA, AND ATHENS
Acts 17:1—18:2

Then Paul stood in the midst of the Areopagus and said, "Men of Athens, I perceive that in all things you are very religious; for as I was passing through and considering the objects of your worship, I even found an altar with this inscription:

TO THE UNKNOWN GOD.

Therefore, the One whom you worship without knowing, Him I proclaim to you."

Acts 17:22-23

AMPHIPOLIS	MOB	IDOLS	DIONYSIUS
APOLLONIA	UPROAR	EPICUREAN	DAMARIS
THESSALONICA	ATTACKED	STOIC	WENT
SABBATHS	JASON	PHILOSOPHERS	CORINTH
REASONED	SENT TO	BROUGHT	AQUILA
EXPLAINING	BEREA	AREOPAGUS	PRISCILLA
CHRIST	FAIR-MINDED	NEW DOCTRINE	
GREEKS	RECEIVED	ALTAR	
JOINED	WORD	TO THE UNKNOWN	
JEWS	WAITED	GOD	
ENVIOUS	ATHENS	PROCLAIM	

```
L O U V L D L S T C K T O T H E U N K N O W N G O D J A
M W L S Q T R K K V K C P D Y O X J E A B S T O I C O C
U A D I W F D E I X W B E H T N I R O C S E N V Y J Y W
W I I L Q M P E V P V S R E H P O S O L I H P H M T G S
S T B O D U H R F J N K Q J D E N I O J S M X I Q L R W
U E T P E E X G R E P I C U R E A N Y Y H E D D W A O L
I D W I D N K B A L I U Q A P G A J D T T K Q J T R G Q
S P U H N T F C N V Q E X X V K O N T A A B P L D X O T
Y V D P I D W T A L T J I B T N F F K E B Q A B I E H R
N P A M M E W O J T A I N O L L O P A R B Z V O D E E T
O V M A R N L R W J T R Q S T J S V I E A T U F S C T Y
I P A S I O R A K F N A E O L R J F D B S T J S E I A N
D W R D A S K O A T H E N S Z K M P K I M V A I U B J E
O U I M F A V R L K V Q N X P R U G C J W L V G X Q X S
Y T S H H E P P L M J T E V I R F V K E O E R S P P P U
Y P H B G R I U I X A Q W V I Y O L O N D P O H L D S G
B N J R U V A T C B S C D X I O W C I T S M F A N B T A
G S A O B P L J S X O H O X Q E U C L J T H I B O D M P
K Z E U W F A B I S N R C V N D A S Y A E N V M V P E O
V X Q G Y N V S R D P I T T G E K N X V I W E T C Q R E
N T W H R S T K P M L S R D T N J X D N J M S S J P L R
H Y D T L I A U C T J T I H E P H Q G G C I B R N F W A
N A J A I F H G I W F I N U Q Z O B L V N P Y B F H U D
S L O D I D V U D H C F E J K J C B S R O T M A J X Y U
```

73

Paul's Missionary Journey 3

EPHESUS
Acts 19:1–41

Now God worked unusual miracles by the hands of Paul, so that even handkerchiefs or aprons were brought from his body to the sick, and the diseases left them and the evil spirits went out of them.

Acts 19:11-12

EPHESUS	SEVEN	RUSHED
THREE	SONS OF SCEVA	THEATER
MONTHS	WHO ARE YOU	SEIZED
DAILY	LEAPED	GAIUS
SCHOOL	OVERPOWERED	ARISTARCHUS
TYRANNUS	WOUNDED	ASSEMBLY
TWO YEARS	DEMETRIUS	CONFUSED
MIRACLES	SILVERSMITH	CRIED OUT
HANDKERCHIEFS	SHRINES	TWO HOURS
APRONS	DIANA	CITY CLERK
DISEASES	PROFIT	QUIETED
EVIL SPIRITS	WRATH	DISMISSED
ITINERANT	WHOLE CITY	
EXORCISTS	CONFUSION	

```
N D E M E T R I U S U H C R A T S I R A K A T H M L S O
F I F P F U S I L V E R S M I T H W T V A H N G M D R V
D P S W T Y S O U S W H O L E C I T Y C P T A U W E U R
I B F M A Y U R Q I N P W B J H Y C R Z K I R P T R O P
S X R C M M N V T C S O V D U I U C V O J A E H O E H R
M G N H U U N J R O R G R M E O D I L H X D N N J W O O
I R M L V L A F O L G B E P Y T D A N L S C I D X O W F
S J E G Q V R H Q U G B V E A F E C I C T J T B E P T I
S R P T K N Y V S T W S R S J V I I H L M W I L E R T T
E L D R A X T Q M Q C A I U Q O K O U I Y I O J X E A F
D K M L M E G A O X O N W I M R O T H Q U W C Y T V V Z
S D S U S E H P E H E J F A J L W E Y D J Y K Y E O Q I
E D E H S U R T W V M A Q G H X C O N F U S E D X A R I
L V S O D J O J E T M G N M Z V L N F D N W B V E X R M
C M I B L U J S E I Z E D G T E T V X N X T S Q F N P S
A W U L S O N S O F S C E V A H J V E X O R C I S T S H
R O R V S T U O D E I R C P M I R L X U M I T O S V U T
I U D U B P D D G L F H E D N Y G E Y R N I S E C T N N
M N W A S F I V I F P D A S Y V Y S E Y G B S U D P X O
O D P S E N I R H S G L C I T Y C L E R K A G J F P F M
E E X Y I S F E I H C R E K D N A H D G E O T V P N H U
O D K P O Z R J N T W R A T H M K M F S M V X H S G O Y
D S A L D I A N A B S S P R S D F J I K U T J E Y R H C
O J C R T L T Y L B M E S S A V H D H H A P Q E C N Y O
```

Paul's Missionary Journey 3

GREECE, TROAS, AND MILETUS
Acts 20:2–38

And when he had said these things, he knelt down and prayed with them all. Then they all wept freely, and fell on Paul's neck and kissed him, sorrowing most of all for the words which he spoke, that they would see his face no more. And they accompanied him to the ship.

Acts 20:36–38

GREECE	EUTYCHUS	SENT TO
THREE	WINDOW	EPHESUS
MONTHS	SLEEP	ELDERS
JEWS	FELL DOWN	BOUND
PLOTTED	THIRD STORY	IN THE SPIRIT
RETURN	DEAD	TO JERUSALEM
MACEDONIA	EMBRACING	CHAINS
PHILIPPI	HIS LIFE IS IN HIM	TRIBULATIONS
TROAS	TALKED	AWAIT
SEVEN DAYS	DAYBREAK	PRAYED
PAUL	COMFORTED	WEPT
MESSAGE	SAILED	KISSED
MIDNIGHT	MILETUS	SORROWING

```
V L F E S T N F X F I J S H B O E G N I C A R B M E M D
L Y H F A N B J G N S N O I T A L U B I R T E L D E R S
J T P W T I U E T Q M I H N I S I E F I L S I H Y J C D
T U R C Q P N H N G N E S A I L E D Y B Q T G P W H G I
D P X E T M E O J S F W K E E B H Q L P R K J I A M T E
Y Y V J S S V W D S A M H C M W W H V S E O A I I F R P
W H F C P W Y Q S E Y H E W O W L W A I Q X N D H J H H
Q S S I S M E H G S C E L X N G A R F Q T S N K L S V E
D W R L K S R J N O R A J L T A H M C H V I H P W B W S
E I Q O M O R F I G H B M B H V F F R F G O V X B J I U
T X V W C D M I W B G K X R S A S E C H R E T U R N N S
T H O G W E G H O P F G T A L K E D T D R Q R E G D D T
O R Q E S P X Q R J F Y R O T S D R I H T S J E E C O L
L L D S N K Z I R E F E B D D W Q I Y Q E T E S O R W S
P T A I K E U L O L S H L Q R Z K E H V J C S M L C S T
M G Q L P O B I S S D J R L M K U S E Y K I F H A U A Y
E S L U A P X B B N F I S P D T G N G A K O T R O A S M
O A P I P P I L I H P E W R Y O D R E V R D L I I O S E
J B D E Y A R P K Y J G S C K A W R C T W U L T W U J G
H R V D E W J I U K H C H E Y E B N E V Z P R L T J V G
H Q V A C L A O Z D R U I S N Y P D D A E D U E S L F J
G Y S P O C S G G S S F S Y A T N N Y A B M L D C L J T
B A W A I T G D N U O B L D T N T A M D I C D V N R C
T V U E G T O J E R U S A L E M I O Y V M G T P U R C
```

Paul's Journey to Jerusalem and Arrest

Acts 21:15–40

And all the city was disturbed; and the people ran together, seized Paul, and dragged him out of the temple; and immediately the doors were shut. Now as they were seeking to kill him, news came to the commander of the garrison that all Jerusalem was in an uproar.

Acts 21:30–31

PACKED	SEVEN DAYS	CHAINS
WENT UP TO	JEWS	COULD NOT
JERUSALEM	ASIA	ASCERTAIN
BRETHREN	STIRRED UP	TRUTH
RECEIVED	CROWD	CARRIED
JAMES	CITY	BY SOLDIERS
ELDERS	DISTURBED	VIOLENCE
FOUR MEN	DRAGGED HIM OUT	MOB
BE PURIFIED	COMMANDER	PERMIT ME
ENTERED	GARRISON	SPEAK
TEMPLE	RAN DOWN	TO THE PEOPLE
OFFERING	BOUND	HEAR MY DEFENSE Acts 22:1

```
I K B X I G N G I R M A R A N D O W N O F B U O X E X R
T G N I R E F F O P E H T S P C Q D D W O R C O R A R L
T U K Q H I H T B K E C E R P A K L E P N B R G K T S M
M W O T A T Y H T N M O E B U E K W S B V X X R O N U W
I E G M J N P W D D M D T I Y T A M A T R J R T G P T D
N H C A I N U E T J Q Q O P V S H K N S S U H P D Y E E
S P V N R H I H T I D D Q M U E O D H N R E T B E S M R
F E K K E R D Y A D I B V A J T D L J S P N K S N Q J E
T V C T R L I E V K J P E V H P N S D E D X M E I I G T
N K R A E O O S G S P U S U R M D E O I J S F G T D P N
D W C M Q M H I O G I D J C I T Y P W E E E I T B F D E
R E M O X W P N V N A E V D E C L Q R K D R H D C D H E
W E I G K O N L Z U Q R G F Y E V U E Y Q Q S O J O X F
F S M F P O N N E Q D R D R N G S B M J S D U F C D V R
T W D T I V E E T H P I H B G A Z R A E K L Y B R F W C
N B L H I R Q L M K Y T K O L O A O V W D C S T A U O V
H I A T H M U Z L R X S Y E H E D E M N Q W K C G M Y Q
W J A T A R R P N D U B M D H E N D O D E R R E M H L S
Y P E T C M C E E D G O P Y K D H T S I B N K A H N N O
F R E L R T H G P B R M F C A W B Q W N G S N G D I I K
B O M D M E Y L B J S F A Y U Y O P E S U D V D A M Y V
R Q I K Y U C T R I G P S B F S U C J U E T E H C G S J
J O B W N G W S E L D E R S S J N P T R D L C S X J S M
E J A M E S Q I A B L E P G M W D A A S I A R A F G L I
```

76

Paul's Trial

FELIX
Acts 24:1–27

Now after five days Ananias the high priest came down with the elders and a certain orator named Tertullus. These gave evidence to the governor against Paul.

Acts 24:1

CAESAREA Acts 23:33

PRAETORIUM Acts 23:35

ANANIAS

LAWYER NIV

TERTULLUS

EVIDENCE

GOVERNOR

FELIX

THIS MAN

DISSENSION

RINGLEADER

NAZARENES

PROFANE

TEMPLE

LYSIAS

TOOK HIM

OUT OF OUR HANDS

PAUL

ANSWERED

I WORSHIP

GOD OF MY FATHERS

CAME TO

BRING ALMS

OFFERINGS

ADJOURNED

COMMANDER

COMES DOWN

MAKE A DECISION

LET HIM HAVE

LIBERTY

FRIENDS

VISIT

DRUSILLA

HOPED

MONEY

TWO YEARS

PORCIUS FESTUS

LEFT BOUND

```
E K K C R H C N O D I C H D M B L Y S I A S P B O N M U
N A Z A R E N E S F O M O C I T F Q A C T E H X R T Y P
L O G A J G U G B M V D P B H Q V N E Z I K A L Y D T B
E L Q F K N Q E M W R P E V K C E L Q U S Q N G E C A X
F U W F P W A A V Y N V D U O H G G U U I V A C B O Z L
T A V R J I N M T G S T X M O O M J V J V I N R X F E V
B P T X A D A K S R Q S E W T K H E U I P E I N F T T K
O J K E E V C D Y I G W A M F X I L E F D N A N H J A Q
U Y X R R W L I R N H D P Y P R Q T V I G J S I Z L Z X
N G O C D T D I I U J T Y Y D L B X V A X N M Y N P N S
D O V A C W U R B O S A V H P Q E E L L J H G O Q O O S
O D Q M U P E L U E E I Y R Y J L M C W A B I M I R I C
U O K E W F Y R L R R B L Q O W S Y X V T S A U V C S W
T F L T F E N Y A U O T R L I N J W E N N H Q I J I I H
O M E O N E R S M V S Y Y Z A V R M Q E S T R R L U C W
F Y O O D J E N P I H S R O W I J E S J R S A O L S E J
O F M E A A Y K Q S D N E I R F D S V V V N Q T E F D A
U A L A C C W W Z U Y I S M H D I T H O S C W E N E A T
R T N I E Y A Y Q V G I Q O W D X P D W G W S A A S E F
H H L T R V L S J Y X F F T M R H U E J I M I R F T K V
A E M J G P Q S K L T V C W X B Q R B B B X V U P O U A Y
N R C K P L U N W O D S E M O C E J G C Q H P V R S M R
D S S C M V A Y X N E L D V O D P Q T H M W N B P L X Q
S E R E D A E L G N I R U J D S R A E Y O W T I F O L A
```

77

Paul's Trial

FESTUS AND AGRIPPA
Acts 25:1–21

So Paul said, "I stand at Caesar's judgment seat, where I ought to be judged. To the Jews I have done no wrong, as you very well know. For if I am an offender, or have committed anything deserving of death, I do not object to dying; but if there is nothing in these things of which these men accuse me, no one can deliver me to them. I appeal to Caesar."

Acts 25:10–11

FESTUS	TO CAESAR	BEFORE YOU
WENT DOWN	YOU SHALL GO	SPEAK Acts 26:1
JUDGMENT	KING AGRIPPA	FOR YOURSELF Acts 26:1
SEAT	BERNICE	I AM NOT INSANE Acts 26:25, NIV
JEWS	GREET	WORDS OF TRUTH Acts 26:25
SERIOUS	NEXT DAY	NOTHING Acts 26:31
COMPLAINTS	GREAT POMP	DESERVING Acts 26:31
COULD NOT	ENTERED	OF DEATH Acts 26:31
PROVE	AUDITORIUM	MIGHT Acts 26:32
DONE NO WRONG	AUGUSTUS	HAVE BEEN Acts 26:32
APPEAL	BROUGHT HIM	SET FREE Acts 26:32

```
W S U T S U G U A S R T O C A E S A R P N J F T V D W R
V I V E V W M I H T H G U O R B O C X K Y Q F F F G T T
J P D Z M G D J L X E P P Z E T J V H H T W V Q M N H L
M U I R O T I D U A G H Z M Q B M M P J W H U K B I A L
G R E A T P O M P N S J V B Y O U S H A L L G O E V Q A
K L F Q T M N Z C O M P L A I N T S W S B T N E F R K P
F D A G Y T K P Y M Z V Q K B X C W J P W R H N O E V P
G I T Y J F G Q K A P P E A L Y X N G K S C V A R S H I
F T O M R L N O T H I N G S W J D H Y P G K X S E E O R
E M N S P E A K U D A Q V B J H G L X F D P W N Y D Y G
C L D B J S K G N O R W O N E N O D F Y C N J I O X V A
I B L G B R A P Y Y T P O C T Z M E K E L W G T U Y E G
N Y U Q T U P T I Q L G E A P R O V E A Q O R O Y Y C N
R G O F V O Z G I A P W E Q S J D R A V W D J N T V K I
E M C K F Y H J N M K S O L U Y N F H X F T K M Y W Q K
B Q E R B R S L S G B Y G Z O C O V U G Y N A A O O R V
O A L S Q O S U T S E F X K I C X K R J A E D I V F S I
V E D N W F T P J J Q B K P R T D E F V D W E K F T C D
G H E G M I H A V E B E E N E E E D T V T B R W U T G C
V B R R X Q E Q H R P H R X S T S Q Y Q X K E Q E H L V
U K L B F G P H Y M W K P J U R G J W M E Y T O B G B P
F K E V K T J E W S M T N E M G D U J D N C N Q A I F G
M M X A Y S E D M G X J T H J F T R M G T F E U V M V K
K N A Q I J I S H T U R T F O S D R O W O F D E A T H O
```

But after long abstinence from food, then Paul stood in the midst of them and said, "Men, you should have listened to me, and not have sailed from Crete and incurred this disaster and loss. And now I urge you to take heart, for there will be no loss of life among you, but only of the ship."

Acts 27:21-22

ITALY	SAILING	LIGHTENED
JULIUS	DANGEROUS	TACKLE
CENTURION	PERCEIVE	OVERBOARD
TREATED	DISASTER	TAKE HEART
PAUL	LOSS	NO LOSS OF LIFE
KINDLY	CARGO	ANGEL
CYPRUS	SHIP	DO NOT BE AFRAID
MYRA	LIVES	ADRIATIC SEA
LYCIA	TEMPESTUOUS	MIDNIGHT
CNIDUS	HEAD WIND	LAND
CRETE	ISLAND	DROPPED
FAIR HAVENS	CLAUDA	ANCHORS
LASEA	DRIVEN	

```
B Q A E S C I T A I R D A Q P V I B D E H A Q Q N J O D
O E L K C A T T U V L D Q Y F Y U Y R P H I Q L H D Y D
W K B H Y G K V M I N H E C Q S B Q A M F C U X E Z L A
K C D R O P P E D K S H T T G R T M O U N Y W P A Y N N
U P M J Y X Z Q D K C L W X A V L Q B V Y L L Y D Y V G
Q M B D S J M L J A S V A W C E C D R Q O I N B W M K E
K H P E R C E I V E W Q I N S Y R V E E G N I L I A S R
I J U L I U S S B Y O Y Y Y D F V T V F N Y J P N M Y O
U W M V I L F A I R H A V E N S S Q O O X Y O N D N S U
U D V K T I X T A K E H E A R T H U I F E X D N Q O I S
J E I G K V G R J R N X U E V T R O F D N A L K B K G
Y D J S K E K B V K I D B Q G S U L H U Y M H T R D H V
L N I R A S Q P L J Z R M M J T U S S S T M Y F S S O L
D O H F B S L S I U J I J H N B M D Q R V S A R Q H W V
N L P A U L T E K H Y V N E G T Q I I W O Y E D A Y Y L
I O H J W X J E G X S E C P C G Y T D N G H B P U Z J W
K S O H M M T Q R N V N Q C R J E M S N C Q C J M A F B
C S J B S U R P Y C A A J C E I W W B W I B E N X E L Q
L O V Y P M M E P L S T Q D T L J P Y N E G H Q A S T C
V F E F E P W Y L Y L X L M E B V Q T I S Q H O P Q H P
N L E K V O G R A C J H N Y Q F R W U K T H W T H D M E
U I D P K E J U S U H L I G H T E N E D R A V D O N R Y
E F D I A R F A E B T O N O D A F Q B Y T H L I V V I K
R E G L C Q U J A O A Q M L W J X I N K G S I Y R H X U
```

Paul's Shipwreck and Witness in Malta

Acts 27:32—28:8

And the soldiers' plan was to kill the prisoners, lest any of them should swim away and escape. But the centurion, wanting to save Paul, kept them from their purpose, and commanded that those who could swim should jump overboard first and get to land, and the rest, some on boards and some on parts of the ship. And so it was that they all escaped safely to land.

Acts 27:42-44

CUT ROPES	SOLDIERS	STICKS
SKIFF	PLAN TO KILL	FIRE
IMPLORED	PRISONERS	VIPER
TO TAKE FOOD	CENTURION	FASTENED
BREAD	COMMANDED	HAND
ENCOURAGED	SWIM	SHOOK OFF
TWO HUNDRED	ALL ESCAPED	SUFFERED NO HARM
SEVENTY-SIX	SAFELY	ESTATE
DAYLIGHT NIV	ISLAND	PUBLIUS
BEACH	MALTA	FATHER
RAN THE SHIP	NATIVES	SICK
AGROUND	KINDNESS	PRAYED
STERN	PAUL	HEALED
BROKEN UP	GATHERED	

```
A G R O U N D N L P R S T Q C S A L L E S C A P E D O I
N J E C K X H E P B V R F B H F V H K F F O K O O H S F
E N C O U R A G E D Q I K I N D N E S S P U B L I U S S
T D M R I W J V H U R D O I O Z O J T W O H U N D R E D
Q P J Q T M D K Q E N R V Q J V X B R N J O C S G R K C
F L W I B T I D J A G A T H E R E D G J L Y U P M W B X
T A Q J R O C W L T Y K Q J F A T H E R W G T D A H G O
I N S Q O T V S S H G P R I S O N E R S A W R U Q U K J
D T U S K A I K V E K E P O V Y J Z C K Q W O F A K W B
G O F A E K B J K A H V P T X V U D L G J P P A P X B L
C K F F N E I M P L O R E D M L B A U F D S E S W X D W
J I E E U F I P T E D H Q Y K P N V A S Q J S T D F X M
U L R L P O R Y I D A T L A M C Y Y P T U Z J E Y K E E
C L E Y U O W T Y H L W M F O H Y X R E D L W N C S B Q
U R D V Y D F G Y G S D W M K N F J E R A G H E E T N U
J L N R B V K R K L J E M N S B M B P N Y F P D N I A N
Y X O V E Y V S V O P A H S B G H V I Y L R R C T C T Y
L V H Q Y K O E O S N Y L T N C J I V H I H A K U K I A
B P A K O L V K F D H Q D J N K N B B J G X Y K R S V O
J G R Y D A I P E F F F I K S A R V E S H K E B I Y E R
R Y M I Y L Y D Y M Q W Z F T E R Y A I T M D K O O S O
W M E E X S X D N A H B K Y A K V F C C R L J R N P X E
F R X O A L T Z I B F B T D F P I M H K N J S X B W B Y
S O M L E O U C I E S T A T E O X I S Y T N E V E S F J
```

Paul's Arrival and Witness in Rome

Acts 28:11–28

So when they had appointed him a day, many came to him at his lodging, to whom he explained and solemnly testified of the kingdom of God, persuading them concerning Jesus from both the Law of Moses and the Prophets, from morning till evening. And some were persuaded by the things which were spoken, and some disbelieved.

Acts 28:23-24

THREE MONTHS	PERMITTED	THEMSELVES
ALEXANDRIAN	TO DWELL	SALVATION
SHIP	BY HIMSELF	HAS BEEN SENT
SYRACUSE	WITH SOLDIER	TO THE GENTILES
RHEGIUM	CALLED	DEPARTED
PUTEOLI	LEADERS	GREAT
BRETHREN	TOGETHER	DISPUTE
INVITED TO STAY	EXPLAINED	DWELT
TOWARD ROME	TESTIFIED	TWO YEARS
APPII FORUM	KINGDOM	RENTED
THREE INNS	OF GOD	HOUSE
CENTURION	PERSUADING	PREACHING
DELIVERED	DID NOT AGREE	TEACHING
PRISONERS	AMONG	

```
N F B W P T T R H E G I U M I M G R E H T E G O T D K C
I O Q J X P B B V I I Q J H Q T H K T J N W J I A E B R
E C I Q S X E L G N I H C A E R P S O V F T D N Q P D E
X S A T N A I R D N A X E L A D C J S W X T I V W A T X
M M U L A O R V S T F Z M Q N C E R R M Q E D I H R O P
X U T O L V Q G H U C J P S S D N M E C H S N T Z T T L
G L R H H E L V P A A V L I V W T N D C X T O E J E H A
B F S O E M D A G X J D I L C N U V A M W I T D Z D E I
R L Y S F M R G S D N E I S C C R N E C M F A T T V G N
T E G W R I S B I J Y K F N H R I Q L Q X I G O E C E E
O S I Y U E I E R P I H S D G T O J B S M E R S X Q N D
D M C D E Q N P L E K N T H W X N F J S P D E T D I T B
W I Q S L G Z O P V T V C R D E Y O V Y X U E A L F I H
E H S G M O N E S A E H D L I Y L U M G W Q T Y Q I L A
L Y K R Q W S I Y I T S R E J N A T S E V E P E H Z E S
L B K G A U K H H J R D D E T Q L Q O Y E F S A O T S B
G C D Y C E C K T C K P L E N T O W A R D R O M E L U E
K E J A L X Y R G I A C D Z L J I O Q K U N H Q A W I E
I B R V N B F O S S W E Q S E I M M V L I Y L T A F I N
F Y N J H X K N W Q F R T G P V V X R M C N K X W C M S
S R E B M X O H A T P D T J G T J E Z E S X G K M Q N E
B D E T N E R J D S N N I E E R H T R R P L J D J N M N
D C V D O G F O M J C T Y Z X N O Q M E H H H D O X Q T
G R E A T A D I S P U T E C G N O M A O D V E F P M J G
```

For I am already being **POURED** out as a drink **OFFERING**, and the time of my **DEPARTURE** is at hand. I have **FOUGHT** the good **FIGHT**, I have **FINISHED** the **RACE**, I have **KEPT** the **FAITH**. Finally, there is laid up for me the **CROWN** of **RIGHTEOUSNESS**, which the Lord, the righteous Judge, will give to me on that Day, and not to me only but also to all who have **LOVED** His **APPEARING**.

Be **DILIGENT** to come to me quickly; for **DEMAS** has **FORSAKEN** me, having loved this present **WORLD**, and has departed for Thessalonica—**CRESCENS** for Galatia, **TITUS** for **DALMATIA**. Only Luke is with me. Get Mark and bring him with you, for he is **USEFUL** to me for **MINISTRY**. And Tychicus I have sent to Ephesus. Bring the **CLOAK** that I left with **CARPUS** at Troas when you come—and the books, especially the **PARCHMENTS**.

Alexander the **COPPERSMITH** did me much harm. May the Lord **REPAY** him according to his works. You also must **BEWARE** of him, for he has greatly **RESISTED** our words.

At my first **DEFENSE** no one stood with me, but all **FORSOOK** me. May it not be **CHARGED** against them.

But the Lord **STOOD** with me and **STRENGTHENED** me, so that the message might be preached fully through me, and that all the Gentiles might hear. Also I was delivered out of the **MOUTH** of the **LION**. And the Lord will deliver me from every evil work and **PRESERVE** me for His heavenly kingdom. To Him be glory **FOREVER** and ever. Amen!

```
R E V E R O F W K W N V U R E P A Y Q D V T J D C N E V
D P L I M F B K L O N R S U T I T C L H N P J L R C C G
B P U D G P H R V R K V A D E M A S X X Y W B D O Y S T
C T Y K H R C N R L Q F T S Q V B P B R Y F P P F G P X
J N S D Q E E M M D M L N W O R C K T R O R P H G E Q R
S O F O R S A K E N N S L C Q U E S V U I E S B K X T M
D K K R E E C K J F C S H J X F I R G J R K Q K A O L C
V P R Q S R O A W L B H L H E N S H K S X F I G H T P F
L X D W T V F X R D H F J P I S T U M I N V Y X Y H K Q
D D I T N E F Y M P Y P W M X B Y I I O Q I R R T T M L
M E L N E K E S I D U S O D Q R T K I E S N E F E D M D
E G I D M Q R Y S H E S N L K H M L A P P E A R I N G K
L R G E H V I I F E J H E E J G K L Q H T U O M E F J M
U A E N C U N W C S N L S J C J I X M K W X W B B F H G
F H N E R E G J Q D H S E I G S X H S E B G H T R P C F
E C T H A S R F A I T H U D N X E C B R E S I S T E D N
S J K T P S I U G Q J D E O C I K R L W X Y U Q P H M N
U K O G P D W G T E D V O K E B F H C F U L J E I C S N
G Y O N J B W P C R O X P O I T J T W X M H G K Y K J M
M T S E D E Q A C L A V Q Y T O H T Q R X P O U R E D B
Q M R R E W R E A I H P V Y I S E G J S M F W E X S G A
L U O T U A V S F J T Q E D E A K Q I S F T K B F P Y U
I S F S E R B T Q P R Y Q D A J R J J R H D Q C F N A H
H V L Q J E N Q A K L Y L C A I T A M L A D O E V D Y K
```

The New Testament Epistles

All Scripture is given by inspiration of God, and is profitable for doctrine, for reproof, for correction, for instruction in righteousness, that the man of God may be complete, thoroughly equipped for every good work.

2 Timothy 3:16–17

ROMANS	JOHN	TWO-EDGED Heb. 4:12
CORINTHIANS	JUDE	SWORD Heb. 4:12
GALATIANS	LETTER	PIERCING Heb. 4:12
EPHESIANS	PAUL	DIVISION Heb. 4:12
PHILIPPIANS	INSPIRATION 2 Tim. 3:16	SOUL Heb. 4:12
COLOSSIANS	PROFITABLE 2 Tim. 3:16	SPIRIT Heb. 4:12
THESSALONIANS	DOCTRINE 2 Tim. 3:16	JOINTS Heb. 4:12
TIMOTHY	REPROOF 2 Tim. 3:16	MARROW Heb. 4:12
TITUS	CORRECTION 2 Tim. 3:16	DISCERNER Heb. 4:12
PHILEMON	INSTRUCTION 2 Tim. 3:16	THOUGHTS Heb. 4:12
HEBREWS	LIVING Heb. 4:12	INTENTS Heb. 4:12
JAMES	POWERFUL Heb. 4:12	HEART Heb. 4:12
PETER	SHARPER Heb. 4:12	

```
B T I R I P S A L Y F J S B N G M N K P F S U E X I K T
N J S K G T U L J P E T E R W Q S T D V T B R P L Q I S
R L N N Y B F Q H Q X M V I Y N J B S V N H R H P Q S T
H S L Q A D M E R D R O W S J U D E F O O R P E R C B V
X V G R P I B Q V W C R W C H D Y X A C S B B S I B T T
F T M Q W R N T Z D I S C E R N E R J N G Y R I N R F M
S X Q P E J P O W E R F U L Q W B I A D K H E A S R E M
Q A Y W H L T C L B Z K I W J C H I E X P K L N P J C L
R G S E M I D T K A E R V P C J T G P M Y G B S I A O X
E O C N L L L U W U S G Y L M A Q E Y U W V A R R G R K
P N U O I J X E J O E S H A L H J S J O I N T S A Q I O
R M S I V X Y T M Q E V E A Q B K O I F E Y I R T X N R
A P N T I G D G I O W D G H G K R F H N P S F Y I M T P
H V A C N X G T V M N X G E T G S G V N D J O L O M H I
S S M E G G Q W R S O V G E N S P N K G K M R U N A I E
R O O R Z D L R U A H T C Z D I T X A D G X P A V R A R
W U R R N H W T C S E Q H K S D R N D I Z F L P I R N C
K L Q O D J I H T Z W H T Y W D Q T E Q S B X Y S O S I
H W W C M T Y R J H M T B X P Y K L C T U S S T J W A N
W Q Y R E T T E L A C N W C X C M J U O N V O K Q H N G
U K V U U N K Z K T M J R U K G Q X U Q D I X L U Y M P
I J D I V I S I O N G E Q C S T H G U O H T K O O S D H
X I M E C C G F C R S G S H S N A I P P I L I H P C C D
G F O A J S V X G M K H B N O I T C U R T S N I T Y F Q
```

Faith Triumphs, and Christ Took Our Place

Romans 5:1–11

Therefore, having been **JUSTIFIED** by faith, we have **PEACE** with God through our Lord Jesus Christ, through whom also we have **ACCESS** by faith into this **GRACE** in which we stand, and **REJOICE** in hope of the glory of God. And not only that, but we also glory in **TRIBULATIONS**, knowing that tribulation produces **PERSEVERANCE**; and perseverance, **CHARACTER**; and character, **HOPE**. Now hope does not **DISAPPOINT**, because the love of God has been **POURED** out in our hearts by the Holy Spirit who was given to us.

For when we were still without **STRENGTH**, in due time Christ died for the **UNGODLY**. For **SCARCELY** for a righteous man will one **DIE**; yet **PERHAPS** for a good man **SOMEONE** would even **DARE** to die. But God **DEMONSTRATES** His own love toward us, in that while we were still **SINNERS**, Christ died for us. Much more then, **HAVING** now been justified by His blood, we shall be **SAVED** from **WRATH** through Him. For if when we were **ENEMIES** we were **RECONCILED** to God through the **DEATH** of His Son, much more, having been reconciled, we shall be saved by His **LIFE**. And not only that, but we also rejoice in God through our Lord Jesus Christ, **THROUGH** whom we have now **RECEIVED** the reconciliation.

```
I J U C N Y K G N M G V J O M Y W V S I N N E R S G V Y
H L F S F M L Y J Q R O S P A H R E P S Y F T H P W T D
I K J H K G H D D T A K X H C L J E X V D B T W B N X V
W B C K I X T I Y B C C S H M N Q D U R L A B J Q O L I
D K U B W M G V V S E B A N U Y D V K J E T E S T V B Y
F J R V Q X N S J O S R V J O A Z A R D V J H V K N W Q
O G E B V D E V B J A E N R S I K H R I D Q O R V M L C
T F C P E M R F E C G Z C J X D T L V E E M M I O D M T
F I O V B H T C T C W Y W C H N E A D A V I X J C U J B
P D N K T V S E R W D Q T K A F C W L W A T F B C E G H
E P C H B M R M Q P F G X D F X N T D U S N K P K S R H
A W I A W N Y E P K R Q B P M A Q E B B W B I J O P Q
C J L V D Q U N G O D L Y L X Q R L V V Q I Q M L M I M
E I E I F S E Q D V E J Y D F L E J I E A R R F A E V V
H O D N F M C B F J M J B Y O N V D E U S Z H T Q O F S
J Y E G I M F L M H U U X L D L E Q C M E S Y Q P N X R
R I Y E H Q H J K S H S K N E V S B E L H K R W Q E S W
Q D S N D O Q P T Y C J Q B R H R B R R Q S E F I L X N
D E V N P X Q I P A X V I G U X E B F T J F L W U Q S L
N T M E Y S F Q R F S I K Z O B P C P P V G P S Q L V J
C G R L S I M C S M Q J V S P K Z D I S A P P O I N T P
G F C M E K E P Q S E T A R T S N O M E D S W Q V Y N G
Y W C D W L M W R A T H K S B F L H P W C Q J V E H Q J
N N X K Y J L M T W W N P M L O V U X S W E B P G W R N
```

84

God's Everlasting Love

Romans 8:28–39

And we know that all things **WORK** together for **GOOD** to those who love God, to those who are the **CALLED** according to His **PURPOSE**. For whom He **FOREKNEW**, He also **PREDESTINED** to be **CONFORMED** to the **IMAGE** of His Son, that He might be the **FIRSTBORN** among many brethren. Moreover whom He predestined, these He also called; whom He called, these He also **JUSTIFIED**; and whom He justified, these He also **GLORIFIED**.

What then shall we say to these things? If God is for us, who can be **AGAINST** us? He who did not **SPARE** His own Son, but delivered Him up for us all, how shall He not with Him also **FREELY** give us all things? Who shall bring a **CHARGE** against God's **ELECT**? It is God who justifies. Who is he who condemns? It is Christ who **DIED**, and furthermore is also **RISEN**, who is even at the **RIGHT** hand of God, who also makes **INTERCESSION** for us. Who shall **SEPARATE** us from the love of Christ? Shall **TRIBULATION**, or **DISTRESS**, or **PERSECUTION**, or **FAMINE**, or **NAKEDNESS**, or **PERIL**, or **SWORD**? As it is written:

> "For Your sake we are killed all day long;
> We are **ACCOUNTED** as sheep for the slaughter."

Yet in all these things we are **MORE** than **CONQUERORS** through Him who loved us. For I am persuaded that neither death nor life, nor angels nor **PRINCIPALITIES** nor **POWERS**, nor things **PRESENT** nor things to **COME**, nor **HEIGHT** nor **DEPTH**, nor any other **CREATED** thing, shall be able to separate us from the love of God which is in Christ Jesus our Lord.

```
X E P D Q S B Y D I N T E R C E S S I O N W G Y U O X G
T N O C Y K E N O L J T R I B U L A T I O N Y C Q D Z M
Q E W F Y N R T O M T X I W C J C Q F A M I N E I M U E
G S E M O A X Y G P R I N C I P A L I T I E S E Q T M M
O I R J A V N R I G H T Q A G A I N S T I Q D H L D T K
M R S H S U I A K F U E Z L Q P R E D E S T I N E D W Q
F Y K W G Z E W H I C O N F O R M E D H N P T O A E I B
L B C R G F T E Z C H S Z C J W P Q L J B J F M C K H A
K M U J Q Y Q N Q U V Y J U X X U Q D W R U K H C G W P
A C C V G V L K Y Q U R V Q X J L Q C F F S K H O U S N
M C H A R G E E J B H R D E L L A C V R E T H Q U E J N
N T M P Y P X R E Y F C D R E R A P S S D I T S N B N I
G C Z C E H L O I R F I Q I W J Q X Y J R F P R T B A T
L Q W R O C E F I Q F F K J U M K J Q I O I E Q E Q K N
O P I D B N W I E E Y L S E P A R A T E W E D P D G E I
R L Y V F K Q C G E X R D R Y K U V Y J S D Q J Y P D F
I K B H K J V U G H W M V R D D V B T C E L E Y C U N J
F U H W G S Z A E C T S R N I E P R E S E N T I Q R E W
I T I U Z J M U R R G R Q S U V N R O B T S R I F P S F
E Y V D U I D E M I O V T Y W Z O Q C S M U J O V O S E
D E V C B I A O I K Y R D V O Q F M E B T T Z V K S Z M
C F F Z R T R S V Y E R S C R R P Q J W E M O C T E T M
S Q R D E E Y I A S X Q S B K R S L I R R V Q N P Q U D
W N M D V M Q V S Y V J R E T P E R S E C U T I O N Y G
```

Spiritual Gifts

1 Corinthians 12:4–10

There are diversities of gifts, but the same Spirit. There are differences of ministries, but the same Lord. And there are diversities of activities, but it is the same God who works all in all.

1 Corinthians 12:4-6

DIVERSITIES	KNOWLEDGE	INDIVIDUALLY
GIFTS	FAITH	AS HE WILLS
SAME	HEALINGS	MINISTRY Rom. 12:7
SPIRIT	MIRACLES	TEACHING Rom. 12:7
DIFFERENCES	PROPHECY	EXHORTATION Rom. 12:8
MINISTRIES	DISCERNING	GIVING Rom. 12:8, NIV
ACTIVITIES	TONGUES	LIBERALITY Rom. 12:8
MANIFESTATION	INTERPRETATION	TO LEAD Rom. 12:8
GIVEN	ONE	DILIGENCE Rom. 12:8
EACH ONE	WORKS	MERCY Rom. 12:8
WORD OF WISDOM	DISTRIBUTING	CHEERFULNESS Rom. 12:8

```
Y D S Q N C Q G O A N H U K F G C F A I T H L E M A S G
L I S R O G O G D S H P D I A S E I T I V I T C A Z C E
L S E Q I N S N Q H S F N X N L B G S J X D J T L H R C
A T N Z T I S I B I C B N O I T A T R O H X E E Q Q N N
U R L M A N E V K L B P D E Q I E A Y C R E M D F D Q E
D I U I T R U I I P K B X F J O X R E A C H O N E A Z G
I B F N S E G G R R J S J K C F N O P W J Q X V D E F I
V U R I E C N T Y T I L A R E B I L W R P T H C A L A L
I T E S F S O K X B D Y L B P J D S J G E K U V G O V I
D I E T I I T R Q T X J T V U Y I K R X B T J P J T G D
N N H R N D R X L B C O C U J W V V U V H U A X A I T Y
I G C I A R L T I R I P S F C B E Q E E H Y A T V J R H
J S X E M R W J F Z A N X E L X R A A B Y G M E I Q D B
Q D C S P V I E G D E L W O N K S L V T P C N X B O Z L
B Z C B G N I H C A E T Q Z H H I R X H W O F D I T N N
S M O D S I W F O D R O W Q E N T G S O Y C E H P O R P
U B A B J Z K L M C W Q Y W G W I B K Y Q S S S X F U S G
D R K Q N S S N H S L B I S B V E P F J H E L T U W S D
G S C S X T M T J A H L S X P L S O Z V O L N R R N Y P K
J J C Q T F J W Q J L W N D I F F E R E N C E S E B K A
O Y R T S I N I M S O U Y C B R G Q O W R A Q A F D G P
H S R I O G E D D R P Y K E N B H N M S Y R R S K W H D
R T L X E Y R N K K I X V I R Q P R W M C I H C D N Q E
B G G K G F J S O K O P U R F K Y S T E D M L F T C Y A
```

Though I **SPEAK** with the tongues of men and of angels, but have not **LOVE**, I have become **SOUNDING** brass or a clanging **CYMBAL**. And though I have the gift of prophecy, and understand all **MYSTERIES** and all **KNOWLEDGE**, and though I have all faith, so that I could remove **MOUNTAINS**, but have not love, I am **NOTHING**. And though I **BESTOW** all my goods to feed the **POOR**, and though I give my body to be **BURNED**, but have not love, it **PROFITS** me nothing.

Love **SUFFERS LONG** and is **KIND**; love does not **ENVY**; love does not **PARADE** itself, is not **PUFFED UP**; does not behave **RUDELY**, does not seek its own, is not **PROVOKED**, thinks no **EVIL**; does not rejoice in **INIQUITY**, but rejoices in the truth; **BEARS** all things, **BELIEVES** all things, **HOPES** all things, **ENDURES** all things.

Love **NEVER FAILS**. But whether there are prophecies, they will fail; whether there are tongues, they will **CEASE**; whether there is knowledge, it will **VANISH** away. For we **KNOW IN PART** and we prophesy in part. But when that which is perfect has come, then that which is in part will be done away.

When I was a **CHILD**, I spoke as a child, I **UNDERSTOOD** as a child, I thought as a child; but when I became a man, I **PUT AWAY** childish things. For now we see in a **MIRROR**, dimly, but then face to face. Now I know in part, but then I **SHALL KNOW** just as I also am known.

And now **ABIDE** faith, hope, love, these **THREE**; but the **GREATEST** of these is love.

```
H I H F P B P D N I K J M E F U W K B E A R S Y F J L Q
S G P F S W R V D N W S F R Q T R A P N I W O N K E S
I D X X N H P U Q E C O J E N D U R E S Q S X L E V V E
N C F Z N P U J N S X T C H S X P N D R R V G E Q X I L
A W A Q H D F D E B A H W B P L R D F N O K R T J Y R J
V L P O O R F N R K K I Z G Q O O L F S S H D B M V X C
S L I A F R E V E N D N J L S J V G V W T X E R Q N B M
H B U R N E D W Y O D G O X S N O Q M F S L D X K E K K
W V R A R O U M O V S F Q W Q D K O G Z I S K S S J W L
B T A Q X L P T W U Q L T Y L V E Q K E B B V T Y Q U R
F J X G H B S J F Y G V M L Y E D R V W E B O N T Y S C
R K S C N R Q F J S W X I E Q J D E E O C W S V I X Q R
M D M X E I E F Y F V Q R D S O S G O N H L H Y U H F C
O P N D F R D K B C Z B R U Y F V G E K M J V L Q P P S
F J N W S X E N D Q A H O R L A L S W L O C L Q I V B C
X U V L C W C V U L D F R V K V I J Q L U S L Y N R J N
Y H O R V U F Q O O I O B C E V V T E A N K P J I S N R
L N M V C P S W I L S H D Y G N E S F H T S X E R N J F
G A B I D E D R W H J B C A Z Q J X V S A J K Y A V Q W
R X B X M C D J P R O F I T S N I Y Q U I M V X V K K Z
N N B M N R W Q L V J U H F C E A S E V N G R U K H Q P
V Y M S Y B W U E B M Y S T E R I E S Z S F Z X H C V E
G B R P C C X H O P E S Q A S J N T S E T A E R G Q A M
F P A R A D E S K R O Y A W A T U P N T Q Y V G Y K O G
```

For this **REASON** I **BOW** my **KNEES** to the **FATHER** of our Lord Jesus Christ, from whom the whole **FAMILY** in heaven and **EARTH** is named, that He would **GRANT** you, **ACCORDING** to the **RICHES** of His **GLORY**, to be **STRENGTHENED** with **MIGHT** through His Spirit in the **INNER** man, that Christ may **DWELL** in your hearts through **FAITH**; that you, being **ROOTED** and **GROUNDED** in love, may be able to **COMPREHEND** with all the **SAINTS** what is the **WIDTH** and **LENGTH** and **DEPTH** and **HEIGHT**—to know the love of Christ which **PASSES** knowledge; that you may be filled with all the **FULLNESS** of God.

Now to Him who is able to do **EXCEEDINGLY** abundantly **ABOVE** all that we ask or think, according to the **POWER** that works in us, to Him be glory in the **CHURCH** by Christ Jesus to all **GENERATIONS**, forever and ever. Amen.

```
G W F R L C H U R C H Q P T F L C N E L J S S E H R S Q
R G R C J L I Q H F S E H C I R O X V G T T X T D T M A
O R Q A W K E F S N I V K B P S C M J X N C G J R B B W
U J T V C N Q W B U J U R A A E Y C I I T N T E R G H K
N M D S N W G M D Q U W T E E Z Q O A G E C N J P X N W
D J V F X D R M B J O C R D N P V S J L H G D S R Q K F
E F C V M E A A W B E Q I F L X X F L W T T G T E Z N L
D E O O Y G N M M K D N Q K T G D L N H F K X J N R E J
W B I X M B T C L W G W C U V X Q R E Q U L P F N T E Z
R P T Y F P L Q T L M I Q A W E N B M L O D F I D S B
Z J B M B J R U Y E Q D V Y W H E Z D A L J T C E C E L
V I X G B X J E E N T T R I T D J D O Q N P C P S O J G
E W N S V S F A H V R H L A Q H B P I A E D T G V L L Q
G F P F N V R O I E K R F J E M V F R K S H K M P X E E
M B F Z A T J N G P N L V I R D W P W S S S W F T O Q V P
W C N G H I K P W S T D G A C C O R D I N G U G W J F E
Y I F M J S T X V Q J H W P O Y T R M Q K A I V E B R D
T B D P Q S C H W V T P A K S S L Q B H W D Q E R K O E
J U U W F M K G X H D S V N D J R I R F S G A Q M H O D
B X W F C F E F W R S O Q H T D M Q M M P R L B J Q T W
A W W D L K K Q R E J Q T X H H H B S A B G D O O Y E L
B W N R E G V O S A L B W H F B S T L A F W N Q R V D A
F E H F J X B I J B K V F W S N O I T A R E N E G Y E R
F V U N Q I W K Y C Y Y G T C C W J W H N V B H Q X C G
```

The Whole Armor of God

Ephesians 6:10–18

Finally, my brethren, be strong in the Lord and in the power of His might. Put on the whole armor of God, that you may be able to stand against the wiles of the devil.

Ephesians 6:10–11

STRONG	RULERS	PEACE
POWER	DARKNESS	SHIELD
MIGHT	WICKEDNESS	FAITH
WHOLE	WITHSTAND	QUENCH
ARMOR	GIRDED	DARTS
STAND	WAIST	HELMET
SCHEMES NIV	TRUTH	SALVATION
DEVIL	BREASTPLATE	SWORD
WRESTLE	RIGHTEOUSNESS	SPIRIT
FLESH	SHOD	WATCHFUL
BLOOD	PREPARATION	PERSEVERANCE
PRINCIPALITIES	GOSPEL	

```
C W A T C H F U L P B R I G H T E O U S N E S S Y N Q E
T V N F Y M A A A H T R I Q U K D V Q R L O A S R E Y S
E R M M J H O L F F G H E J S V D A U E J E B T C I P P
K J U W B Y G V G Y H C X A P F V R P V B M A A P R W E
L V O T C P B N L R I N V U S Q K S O Q P J E N H Y I R
S K K K H L H M O X H E K D V T O V X W H P J D D N T S
J W T V O Z J P H R N U J D P G P N S S P N N A Q H E
S P F O F A I T H G T Q D J P A V L S E I Z G W R S V
Q W D P S N L V O T S S D V R X I E A J S L T M K Q T E
L F V N J R C S K G R G X M G L N F M T I Q Y Q N A A R
W L Y C F E S V C J E F O A H D B K Z V E L W A E X N A
J E P O M Y D E J P L R P M E Q S Q E K S I C T S P D N
S S R J J Q J N I J U Q N K J C X D E J T L Y G S M Q C
H H E S R S W Q P T R Z C B H M T I R I P S X U V J N E
O H P K R U H X X P I I F E C N J O S I U K I S G K B B
D S A S Q J X B Q B W L M Q R N S T R A D M B A U F U A
S H R A P K A G W G W E A J E L O H W D B X S R W M B P
E I A L Z O G S J W S F K P X J M N B H S M M T R Q F G
D E T V U T W Q D E D R I G I E L T S E R W T H G I M T
Y L I A X G O E J L V W J Y B C Q V V T K N S I R V I L
G D O T W U K K R K H K Y S C F N N Q U I B F J J M K D
U U N I Q V P C L W X Q G A Q I B I K W B Q C W S P F Q
S J G O M L X Y U T Y P Y D R H N V R D Q H P D Y A T M
I W C N F H E L M E T B E F Z W S E J P L S G E W J L L
```

Paul's Encouragement to the Philippians

Philippians 4:6–9

Be **ANXIOUS** for **NOTHING**, but in **EVERYTHING** by **PRAYER** and **SUPPLICATION**, with **THANKSGIVING**, let your **REQUESTS** be made **KNOWN** to God; and the peace of God, which **SURPASSES** all **UNDERSTANDING**, will **GUARD** your **HEARTS** and **MINDS** through **CHRIST JESUS**.

Finally, brethren, **WHATEVER** things are **TRUE**, whatever things are **NOBLE**, whatever things are **JUST**, whatever things are **PURE**, whatever things are **LOVELY**, whatever things are of **GOOD REPORT**, if there is any **VIRTUE** and if there is anything **PRAISEWORTHY**— **MEDITATE** on these things. The things which you **LEARNED** and **RECEIVED** and **HEARD** and **SAW** in me, these do, and the God of peace will be with you.

```
P L R E C E I V E D A K V M Z W W D F B N G S U
L K P Y Q T J Q Q T N N O Q A A O F J Q U N W I
W D M I N D S W Y G X L U Y S V I R T U E I F W
N B R F Q G N R R W I Y X B X R O S H W V H Y H
O X F K R O V M N H O S S K I O R U L H W T M L
B K S K Q O M I S V U X G Y K I Q R J A L O D L
L Z U G G D B Y L I S G S B G Y X P L T E N R P
E E S N N R J R E Q U E S T S J L A Q E A B A U
L T E I I E Q H K V T R U E Q U W S F V R O E V
K A J D V P B B V B Q Y L Z E F R S J E N T H N
J T T N I O G G N V G M L Q G V W E W R E F P D
Z I S A G R M I M L K N J E N V K S T I D S J I
W D I T S T P S E M W N I Z V J O J H E A R T S
I E R S K C F X F D X Q O H Q O I P R A Y E R Q
R M H R N W F W K Y E N V W T L L F D L H I G E
S S C E A Z Q J W D R A U G N Y Y D J F J Q G V
M R R D H Q F S N H U K X X N D R D F T P W X Y
Y F C N T H Q G T W P V N F O V J E O R S K T P
D N Q U P R A I S E W O R T H Y K P V T R U V T
U W T J Q R N O I T A C I L P P U S Z E P K J J
```

Living the Christian Life

Colossians 3:12–17

Therefore, as the **ELECT** of God, **HOLY** and **BELOVED**, put on tender **MERCIES, KINDNESS, HUMILITY, MEEKNESS, LONGSUFFERING**; **BEARING** with one another, and **FORGIVING** one another, if **ANYONE** has a **COMPLAINT** against another; even as Christ **FORGAVE** you, so you also must do. But above all these things **PUT ON LOVE**, which is the **BOND** of **PERFECTION**. And let the **PEACE** of God **RULE** in your hearts, to which also you were **CALLED** in **ONE BODY**; and be **THANKFUL**. Let the word of Christ **DWELL** in you **RICHLY** in all wisdom, **TEACHING** and **ADMONISHING** one another in **PSALMS** and **HYMNS** and **SPIRITUAL SONGS**, singing with **GRACE** in your hearts to the Lord. And whatever you do in **WORD** or **DEED**, do all in the name of the Lord Jesus, giving thanks to God the Father through Him.

```
F G L E R K X I Y D F Y M M K P S S B K C J S B B E M Q
F D L C L J W T D T V Y W I K F P G J T Q S R H F G J F
W P E Y S E I X G J B W N Q S Z I F M H A V B Y G C E Q
N S W H U L C D C Q T D C H I A R O M G D G A M W L P H
D F D M I L X T X V N M S N M U I R E R M L B N B S E R
L H P M P V R H S E I N Y O M G T G R L O Q J S T C R W
R F U O R L I J S V A B D H P V U A C X N E N H M D F D
M H J T Z F J S G Y L Q O B E K A V I W I L J S E J E Q
C S S E N K E E M P V B V F H L E E X S O Z M C Q C P
H S D V F F Q R Q N M W E Y J F S D S J H N X L M V T V
R M S U Y O G J I S O G N J H B O E F C I G U A Q R I R
W J F G T P R R L C C Q O S N S N H G E N S U S S C O J
D W L T X B X G A I H H M S T G G K C M G U D P Q G N Q
M Q K S C I J L I C F L N U A F S A K C R F Q E T F X Y
H H X M D S T V C V E F Y U J G E A G L Y F K J L D J M
E V O L N O T U P V I D Z H M P G H N H R E G T S L L H
T P G J M G Y P P A E N O Q I A Y X B Y J R Q S F Y A C
H N M K W K F W C E G L G C W I M J E S O I Q P C L E C
A T M T L T B L D H Y N J B D B V N L S J N T D U L B A
N E E M D S V Q G H D N I J O X F Q O T Q G E Q V Y X M
K H B Z R U L E W O R D U R Z N V X V N F P K E P J G I
F A F T A A Y M O N M S Y K A D D P E C C Q V L C X C Q
U H T X X V V P G M Q P Q E Z E L J D O L G F G Y K B A
L H B X L T E A C H I N G U G C B C D R G B N S Q W M M
```

Jesus Our High Priest

Hebrews 8:1–12

Now this is the **MAIN POINT** of the things we are saying: We have such a **HIGH PRIEST**, who is **SEATED** at the **RIGHT HAND** of the **THRONE** of the **MAJESTY** in the heavens, a **MINISTER** of the **SANCTUARY** and of the true **TABERNACLE** which the Lord erected, and not man.

For every high priest is appointed to **OFFER** both **GIFTS** and **SACRIFICES**. Therefore it is necessary that this One also have something to offer. For if He were on earth, He would not be a priest, since there are priests who offer the gifts according to the law; who serve the **COPY** and **SHADOW** of the heavenly things, as **MOSES** was divinely **INSTRUCTED** when he was about to make the tabernacle. For He said, "See that you make all things according to the **PATTERN** shown you on the **MOUNTAIN**." But now He has **OBTAINED** a more **EXCELLENT** ministry, inasmuch as He is also **MEDIATOR** of a better **COVENANT**, which was **ESTABLISHED** on better **PROMISES**.

For if that first covenant had been **FAULTLESS**, then no place would have been sought for a **SECOND**. Because finding fault with them, He says: "Behold, the days are coming, says the Lord, when I will make a new covenant with the house of **ISRAEL** and with the house of **JUDAH**— not according to the covenant that I made with their fathers in the day when I took them by the hand to lead them out of the land of **EGYPT**; because they did not **CONTINUE** in My covenant, and I **DISREGARDED** them, says the Lord. For this is the covenant that I will make with the house of Israel after those days, says the Lord: I will put My laws in their **MIND** and **WRITE** them on their **HEARTS**; and I will be their God, and they shall be My **PEOPLE**. None of them shall teach his **NEIGHBOR**, and none his brother, saying, 'Know the Lord,' for all shall know Me, from the **LEAST** of them to the **GREATEST** of them. For I will be merciful to their **UNRIGHTEOUSNESS**, and their **SINS** and their **LAWLESS** deeds I will **REMEMBER** no more."

```
A R D E J P C M I N D U N R I G H T E O U S N E S S I F
P Y Q S E C I F I R C A S K T P Y G E L A W L E S S Q M
O M W B M V K V B M G A I X W K B R Y D B F P E O P L E
V G Y V D J I N S T R U C T E D S C E L C A N R E B A T
S E R G D F A U L T L E S S V D E A O T E H Y O X M V P
E U V B Q D O Z L E A R S I K I S H E P Y X E P J I Q P
A N P B Q Q B D U X S Q N S H S I Q L K Y T J L G N W F
T I C J C Y T S E J A M S V I R M N H S T R A E H I E J
E T N A N E V O C S I N S J G E O K P R J N G F O S Y R
D N S G H D J Z F T Z D S S H G R R Q Z U D C Q C T R E
N O Q J N W Y P N Z E T D F P A P R O B H G I E N E A B
J C Z O D D W I D H F E V M R R D D N A H T H G I R U M
W M C N Q X O V S I N Z W Q I D I V S B N G I X H W T E
V E O R H P Q I G I X S C A E X B Q V Q R N P Q G C M
S N Z S N M L U A V Q V Q T S D Q N D U J T I E P J N E
X U U I E B H T K W U R W Z T M M R G A K X A Y T X A R
T A A A S B B W L X I X Y P N G E J F X R T U V Y S M
C M C T Q O K O Y E X C E L L E N T S A E L N U J D E P
T R S X K A D K H V I A X N Z I C T Z V M I U O C D G Y
J E P A A A R A U D W A O E O X C A V U D G O G I V G D
K X Q B H M D P K D U F P X T R G P G W N K M A C W K H
K Q K S Y U Q H N H F U O F E I H H Y V B Q T Q N J Q R
H H K X J U W G S E D J S X R J R T M R M O F C S H F J
L X H B M T N I R G R E A T E S T W B P R S I D Q P L P
```

92

Heroes of the Faith 1

Hebrews 11:1–12

By faith Enoch was taken away so that he did not see death, "and was not found, because God had taken him"; for before he was taken he had this testimony, that he pleased God. But without faith it is impossible to please Him, for he who comes to God must believe that He is, and that He is a rewarder of those who diligently seek Him.

Hebrews 11:5–6

FAITH	SACRIFICE	SARAH
SUBSTANCE	ENOCH	RECEIVED
THINGS	TAKEN AWAY	STRENGTH
HOPED FOR	WITHOUT	BORE A CHILD
EVIDENCE	IMPOSSIBLE	JUDGED
NOT SEEN	TO PLEASE	FAITHFUL
ELDERS	REWARDER	PROMISED
GOOD TESTIMONY	DILIGENTLY SEEK	ONE MAN
WORLDS	NOAH	AS MANY AS
FRAMED	GODLY FEAR	STARS
WORD OF GOD	ABRAHAM	INNUMERABLE
ABEL	OBEYED	SAND
EXCELLENT	WENT OUT	SEASHORE

```
S S J D E S I M O R P I A S M A N Y A S Q L Q V W U M X
D V E V W U Q W N V S M Z K E E S Y L T N E G I L I D B
O G R A H A O N O J P P O N E M A N V Y D Q Y F P T J A
D B Q S S V U U X Q U O B J D U Q Y A I S N H B K X A B
A E V A D H L Y T I W S V W Y T T W G I O I S L U J G R
X S M R B Q O N K N E S R Q L Z A Q H M S A P K C U O A
X U Q A T G E R F N N I K K V N Y T I R N V L H O V D H
M S M H R L N J E U T B J H E J G T E D I O I F S Q L A
A J F L L F W E X M O L K K Q N S D O S C Q Y N D L Y M
W C M E D Y J V B E U E A Y E E L V C A E V D S L U F M
P M C H E Z A I Y R T T J R T E Z S O C C N O I R F E S
L X U J V K D K A V K T D F V O J X R N D G B O H A B
E N C O I Z L E F B X S O I J C P U F I A Z F L W T R J
X L Q H E D D N Q L R O H T I A F D R F T V O I R I W F
G M P L C C U C R E G I V Q Y K W G E I S N D M M A I T
I I E Q E X V E W D W V N V W K E W C B R R V T F T T
Y Q V T R B J T N V N R X E A D J D A E U P O Q W J H O
O D B H J Q A L Q Y D T K B E F H Q R D S Q W V P Y O P
I O Q V K R O F D E P O H S J S X C D T C G G X A C U L
Q S Q S T A R S Y J G I U T G T T J E M L P L Z E T T E
A X B P M Z W E Z Q I K W M E N Q O R Z P X K W O I Q A
M T W K W R B H Q T X M F Z Y C I E N M T B P Y J V G S
F K H L M O Q G F R G N F P T Y N H J R Q Y A X B F C E
T W D M S Q C D L I H C A E R O B X T P H C O N E F M J
```

These all died in faith, not having received the promises, but having seen them afar off were assured of them, embraced them and confessed that they were strangers and pilgrims on the earth. For those who say such things declare plainly that they seek a homeland.

Hebrews 11:13–14

ALL DIED	TESTED	JEPHTHAH
NOT HAVING	OFFERED	DAVID
PROMISES	ISAAC	SAMUEL
SEEN	BLESSED	STOPPED
AFAR OFF	JACOB	LIONS
EMBRACED THEM	ESAU	QUENCHED
CONFESSED	MOSES	VIOLENCE
STRANGERS	CHOOSING	ESCAPED SWORD
PILGRIMS	TO SUFFER	MADE STRONG
SEEK	AFFLICTION	VALIANT
HOMELAND	RAHAB	BATTLE
DESIRE	DID NOT PERISH	DEAD
HEAVENLY	GIDEON	RAISED TO LIFE
COUNTRY	BARAK	
ABRAHAM	SAMSON	

```
Q U E N C H E D S E S I M O R P C K W N A D E S I R E J
A V H X H V B L B C O U N T R Y U T A I X R V I B J M E
U N W T B I A B F J R E F F U S O T E U Q R N S I Q A D
H L O N C T H X O E C M M F Y F P P C Z A O T T U S D A
J M J S F I A F U H Y V D C F L H O J I E Q L R H V E E
L D T Q M V R Z O Y J E K E Q B N Q S D K V O A I B S D
H V J B D A X O G U S B R M R F E E I E G B N N Z O T U
Q B E S F R S J X S X E P X E C D G G L C W Y G E V R S
Q X E A G I T N E J D C J S N T H D J U A S E E V E O E
D E Z I N V F L X H W B S E O C S A M U E L X R D S N E
N E K G F R B M N O J E L L U Q B E V K N M V S M C G K
J D P A X J C Y J S D O I D G N I V A H T O N V X A J P
X A H P R Z R L H U I F N O I T C I L F F A V Y W P A H
B V S B O A Q N J V E M X L X C I Q M A H A R B A E C A
X I I H Q T B E A F A R O F F B T M X S V I L C A D O H
O D R H P X S V T L V E M B R A C E D T H E M A L S B T
M S E J V K Q A N K T M S D P V Q U Q D T N Z A L W I H
G W P X T D V E A J D N M P M R P N B L N L P S D O K P
J X T H M E P H I F G J I J H H J M M A I A U I I R T E
T Q O P F T X O L Y M N R H D V H U O O T Q L V E D Y J
B J N G V S F M A Q A Q G Q K O M X N S Q T T E D R W A
W G D Q V E J K V T F M L K X L W S F H E Z L C M N X O
D X I E H T X O X B I C I B P W L D R I N S W E K O L G
E P D R E N J F T X F S P H W Y B J W U M S W K J I H O
```

94

Joy and Blessings in Our Trials

James 1:2–8, 12–18

My brethren, count it all **JOY** when you fall into various **TRIALS**, knowing that the **TESTING** of your faith produces **PATIENCE**. But let patience have its **PERFECT** work, that you may be perfect and **COMPLETE**, lacking **NOTHING**. If any of you lacks **WISDOM**, let him ask of God, who gives to all **LIBERALLY** and without **REPROACH**, and it will be given to him. But let him ask in faith, with no **DOUBTING**, for he who doubts is like a **WAVE** of the sea **DRIVEN** and **TOSSED** by the wind. For let not that man **SUPPOSE** that he will receive anything from the Lord; he is a **DOUBLE-MINDED** man, **UNSTABLE** in all his ways.

Blessed is the man who endures **TEMPTATION**; for when he has been **APPROVED**, he will receive the **CROWN** of **LIFE** which the Lord has promised to those who love Him. Let no one say when he is tempted, "I am tempted by God"; for God **CANNOT** be tempted by evil, nor does He **HIMSELF** tempt anyone. But each one is tempted when he is **DRAWN** away by his own **DESIRES** and **ENTICED**. Then, when desire has **CONCEIVED**, it gives birth to **SIN**; and sin, when it is **FULL-GROWN**, brings forth **DEATH**.

Do not be **DECEIVED**, my **BELOVED** brethren. Every good **GIFT** and every perfect gift is from **ABOVE**, and comes down from the Father of **LIGHTS**, with whom there is no **VARIATION** or **SHADOW** of **TURNING**. Of His own will He **BROUGHT** us forth by the word of truth, that we might be a kind of **FIRSTFRUITS** of His **CREATURES**.

```
G T M L I G H T S Q N D O U B L E M I N D E D Y W Q S A
I Q S E R U T A E R C E B W P S J M G H G L S K V A A I
F N F H R S H Z W R B D V Q J W L R G N I N R U T C B Q
T T V U T R X V F L E S M I H B I U B S E V O B A W Q W
L N Q I L C I B H G X E Y L R R G V W K U B R O U G H T
S P B J G L E L P P K L G J M D C E U L F F V F C I B S
K V Q F G P G F F L K B T M O D S I W F Y G N R E C P R
X K W T V T P R R V A A O Q J E J K Y L L A R E B I L N
H T K S W J J X O E K T S X C V F E Q W N A S F J K Q U
Q P I U P A E Q O W P S S J C F F N M G R G W T F P C I
D N C Y Y Q F H N Y N N E N O I B T H M P I Y I Y W A M
E V J D E Z I C T W I U D V N R G I T V N V I D Q V N Q
A P F E C N L A O J A G Q U C S N C Y R Z G E N R C N X
T B G V D Q O T T T R J D E T I E V Y I V X C K T O Z
H V E O E Q V R K V J H D Z I F T D F Q O A D J N V T G
Q C X R I N P P E J O Y C B V R B V V L U V L J O S B D
N H N P T K X E J J J G E Z E U U G E N G A V S I V V E
Q W U P A P Q R H P Z N V V D I O B E X V R K T T C S S
T A O A P O K Q F K R I A G Y T D Y K W P I V J A F H I
T I G R M S F V C C S T W K I S L J X P G A J F T Z A R
V E J Q C W W Q A V S S R G N I H T O N J T T R P J D E
C N E T E L P M O C O E B T S J O M Y J T I Y B M U O S
P K P K J P R U P V O T T F J A K Q T P V O B Q E F W L
F N Q D E V I E C E D D L Q E S O P P U S N C Q T Y B C
```

95

Be Doers of the Word and Not Hearers Only

James 1:19–27

So then, my beloved **BRETHREN**, let every man be **SWIFT** to **HEAR**, **SLOW** to **SPEAK**, slow to **WRATH**; for the wrath of man does not **PRODUCE** the **RIGHTEOUSNESS** of God.

Therefore **LAY ASIDE** all **FILTHINESS** and **OVERFLOW** of wickedness, and receive with **MEEKNESS** the **IMPLANTED** word, which is able to **SAVE** your **SOULS**.

But be **DOERS** of the word, and not **HEARERS** only, **DECEIVING** yourselves. For if **ANYONE** is a hearer of the word and not a doer, he is like a man **OBSERVING** his **NATURAL** face in a **MIRROR**; for he observes himself, **GOES AWAY**, and immediately **FORGETS** what kind of man he was. But he who looks into the perfect **LAW** of **LIBERTY** and **CONTINUES** in it, and is not a forgetful hearer but a doer of the **WORK**, this one will be blessed in what he does.

If anyone among you thinks he is **RELIGIOUS**, and does not **BRIDLE** his **TONGUE** but deceives his own heart, this one's religion is **USELESS**. Pure and **UNDEFILED** religion before God and the Father is this: to visit **ORPHANS** and **WIDOWS** in their **TROUBLE**, and to keep oneself **UNSPOTTED** from the **WORLD**.

```
M J F R K O E T Q O E F Z D S R E O D B G G S W I F T E
U P B P O J N J E J I R E S B T H T I R V Y N V C B X P
N B N H D G O G W R F L W A Q C Y N O K W P W C F V I N
S N Y E Q G Y M J D I Z K V D C B K Q N Q O F D V M Q Q
P D G A C F N J K F V O V E R F L O W S G I L R S V F O
O B O R M N A A E V B T N Q R C O N T I N U E S M O Y X
T S E E C J E D O O Y J I R V K V B X I P S E V L Q G V
T N S R L P N R E L I G I O U S I B M O I E C B X C X P
E A A S U V F K A F S D S M V W F C B Q L U B K X J L
D H W W U H C M E E K N E S S M T L C S F E V H K P A X
J P A J U N H J R B Q W S Q O D Y V F E N S K P Y W H B
U R Y F D X G T I J W V F L G K I H O R Y S N C O R F W
E O N C W P F L G H N A T U R A L R R V B R E T H R E N
D V Q K H W I Y H D R Q B O K T B N G I O H V Q N N M N
I K P U W R L T T D E T N A L P M I E N A A P H I F W A
S S O U L S T R E N A X J I D H X V T G Y H W L V Y R N
A O Q U S D H O O J Y T R E B I L D S A R C O C L Q A O
Y K G B N A I U U A O J L G J F N L R K H I R Q R M T K
A V M P B Q N B S K W G H E C U D O R P R G K W R Q H J
L Q R F X V E L N Y Y F H N J W R U Q A P J S B O T Z E
N T L L J P S E E O D Q A R O R D Z E X C K E R M R E O
X G E V S I S V S N F W L E I C W H T L M J J C C M L P
H R V X H I W B S Q Y X U M F H N V F G N I V I E C E D
E L D I R B G P U U C Y R T I X R J D B M L S W O D I W
```

96

A Heavenly Inheritance

1 Peter 1:3–12

Blessed be the **GOD** and Father of our Lord Jesus Christ, who according to His abundant **MERCY** has **BEGOTTEN** us again to a **LIVING HOPE** through the **RESURRECTION** of Jesus Christ from the dead, to an inheritance **INCORRUPTIBLE** and **UNDEFILED** and that does not **FADE AWAY**, reserved in heaven for you, who are **KEPT** by the power of God through faith for **SALVATION** ready to be **REVEALED** in the last time.

In this you greatly **REJOICE**, though now for a little while, if need be, you have been **GRIEVED** by various **TRIALS**, that the **GENUINENESS** of your faith, being much more **PRECIOUS** than **GOLD** that **PERISHES**, though it is **TESTED** by fire, may be **FOUND** to **PRAISE**, **HONOR**, and **GLORY** at the revelation of Jesus Christ, whom having not seen you love. Though now you do not see Him, yet **BELIEVING**, you rejoice with joy **INEXPRESSIBLE** and full of glory, receiving the end of your faith—the salvation of your souls.

Of this salvation the **PROPHETS** have **INQUIRED** and searched **CAREFULLY**, who prophesied of the grace that would come to you, **SEARCHING** what, or what **MANNER** of time, the Spirit of Christ who was in them was **INDICATING** when He testified **BEFOREHAND** the **SUFFERINGS** of Christ and the **GLORIES** that would follow. To them it was revealed that, not to themselves, but to us they were **MINISTERING** the things which now have been **REPORTED** to you through those who have **PREACHED** the **GOSPEL** to you by the Holy Spirit sent from heaven—things which angels **DESIRE** to look into.

```
D K V S R Y X S Y C A U N D E F I L E D K B Y A J V D Y
A H R S W G R R L V Y A E J Q K D R K M N M V N E P C C
Q L H Y R V E R G A Q R V Q L E K N O A Z X Q H Q W S P
L L V Y Z J T K W Y I H B L Y S V E Q K T G Y A D X H D
D Y G M O J Q A U U S R Z N R I N J R G B L C E G M W J
N B Q I G Z E T Q S V V T P R Q D Z W R L T L Z J S D D
U B C B S D K N G E N U I N E N E S S U E A K R V S E E
O E C E A S I E S L K Q X Q F J Q R F S E B V D E Q L T
F R Q F J Z Q Z X Q N Z I H D E E E T V V Q D A A Q B R
G O D S R D J Y R G O L D F Z S R E E O Y E R B V Z I O
S V Q U R W Y O E S X S H D U A D R T M S C F C C L T P
A W I F Z J S W N L A A N R C P V K Q I H L V M C P P E
L Q N F R H P T N K E O R C R G R H R I I B S A S R U R
V I E E W S H P A F Q E Q O N S N E N C E E Z E A E R X
A P X R Z K O E M K C R P I I D H G G G H L I I L C R D
T R P I V Q N K U T Z H R G E A P X O S E R S R A I O Y
I P R N C D O Q I X E E N H D H Q T I P O E I Q U O C C
O C E G J S R O Q T T I C D M S T R S L V T K A Q U N R
N W S S Q B N E S S V A I E C E E O G H O E G I U S I E
I G S U F R H W I E E Y Z R N P G Z L U R H N V B N P M
A F I V Y N X N I R R Y U G C J C C G N I T A C I D N I
J E B K G X I L P O G Z C D C R L I V I N G H O P E P O
J R L V N M E R L X P Q T G B G D N A H E R O F E B G Q
B M E Q Q B R G C J L D E V E I R G Y D G X F A M K C O
```

97

Suffering for God's Glory

1 Peter 4:12–19

Beloved, do not think it **STRANGE** concerning the **FIERY** trial which is to try you, as **THOUGH** some strange thing **HAPPENED** to you; but rejoice to the **EXTENT** that you **PARTAKE** of Christ's sufferings, that when His glory is **REVEALED**, you may also be **GLAD** with **EXCEEDING** joy. If you are **REPROACHED** for the **NAME** of Christ, blessed are you, for the **SPIRIT OF GLORY** and of God **RESTS** upon you. On their part He is **BLASPHEMED**, but on your part He is glorified. But let **NONE** of you suffer as a **MURDERER**, a **THIEF**, an **EVILDOER**, or as a **BUSYBODY** in other people's **MATTERS**. Yet if anyone suffers as a **CHRISTIAN**, let him not be **ASHAMED**, but let him glorify God in this matter.

For the time has come for **JUDGMENT** to begin at the **HOUSE** of God; and if it **BEGINS** with us **FIRST**, what will be the end of those who do not **OBEY** the gospel of God? Now

> "If the righteous one is **SCARCELY** saved,
> Where will the **UNGODLY** and the **SINNER** appear?"

Therefore let those who suffer according to the will of God **COMMIT** their souls to Him in **DOING GOOD**, as to a faithful **CREATOR**.

```
J P K J R T L Y J G J C E M S T R A N G E C K E Q U D E
V T H I E F M O V Q N T Q N Y F M X D Q V B Y R R Y R S
Q C Y D E J C E F W X I T T I M M O C R W C L E O F V U
W T D T T P A F L S W D K Y N Q A L M A M D O T Y N O
D E O L Q L V S U Y S B R E J R H S C Y E Q O D A X B H
X X B F V F S I F R I H T N E M G D U J T K G L E Q B S
W T Y F P I D N I O S G L E K C M S R T N Z N I R G O Y
K E S A Y N G N J L F G H M Y L X Y Z W H X U V C J N L
X N U L O H T E M G N L E Q R Y E N Z S D Y E U B I V
G T B N B G D R F F U U B A Z D M F T R E R E D R U M H
G B T F Y Z P N K O H O I Z D X Q X R X R E V E A L E D
B B G P N G J S H T A W D O O G G N I O D V M B X A J Q
M R G H R E C T F I P X S R E T T A M V J R H B U V M F
L H D M M A C L X R P Q T C R W X N I Q H A L R C S K Q
A S H A R N V W F I E E K A T R A P K P K A P Y T R M H
F N N C A L G A I P N J H Z A Q Z B J M S B P X T T F C
H A E O Z M R N V S E V D S L I S R E P R O A C H E D X
J L Y K F I E R Y G D Z D V K P N C H R Z D R Z N A K R
Y W R B X U R S V E T R B P W S C E G D J V H X K D Y M
L N P R E D H A L D B E B R U O M K Q G L P N X F K V W
O I Q R M G H S R L I S D D E E A L W D Q A S H A M E D
R Q N C I Z I D R S M T L N D G E N O N D Q T X Y M S Q
S I Y O F Z B N C Q E S Q U N S U I N A I T S I R H C L
N B O T O F G W S C A I J K W J F I R S T J A X R N M O
```

Revelation

The Revelation of Jesus Christ, which God gave Him to show His servants—things which must shortly take place. And He sent and signified it by His angel to His servant John, who bore witness to the word of God, and to the testimony of Jesus Christ, to all things that he saw.

Revelation 1:1-2

REVELATION Rev. 1:1

OF JESUS CHRIST Rev. 1:1

THINGS WHICH MUST Rev. 1:1

SHORTLY TAKE PLACE Rev. 1:1

PROPHECY Rev. 1:3

CHURCHES Rev. 1:4

ASIA Rev. 1:4

JOHN Rev. 1:9

ISLAND Rev. 1:9

PATMOS Rev. 1:9

LOUD VOICE Rev. 1:10

WHAT YOU SEE Rev. 1:11

WRITE IN A BOOK Rev. 1:11

THRONE Rev. 4:2

HEAVEN Rev. 4:2

ELDERS Rev. 4:4

LIVING CREATURES Rev. 4:6

SCROLL Rev. 5:1

SEALS Rev. 5:1

LAMB Rev. 5:6

WHITE Rev. 6:2

HORSE Rev. 6:2

RED Rev. 6:4

BLACK Rev. 6:5

PALE Rev. 6:8

DEATH Rev. 6:8

SEALED Rev. 7:4

CHILDREN OF ISRAEL Rev. 7:4

GREAT TRIBULATION Rev. 7:14

SEVEN TRUMPETS Rev. 8:6

LITTLE BOOK Rev. 10:2

TWO WITNESSES Rev. 11:3

WOMAN Rev. 12:1

DRAGON Rev. 12:3

BEAST Rev. 13:1

PLAGUES Rev. 15:1

BOWLS Rev. 16:1

ARMAGEDDON Rev. 16:16

BABYLON Rev. 18:2

BOOK OF LIFE Rev. 20:12

```
S L W O B P E L W T L E S M R O Y P O V S E U G A L P F
N M I I A R L S H O G R E A T T R I B U L A T I O N S B
T C S F V O D E A J Y M R N X G L O S C R O L L I H N J
X H V O L P E A T M G Q U W R I T E I N A B O O K R O S
D I F A K H R L Y Y B M T B R P H R S N I U N N B F L H
T L A J D E S E O G O Q A Z D K L L C P S U O C A S Y O
H D M R Q C X D U L O K E F E S J B P L B I Q K G E B R
I R L C T Y X W S Z K P R S I Z W U A L T T T V A S A S
N E I R S O V S E M O Q C E R Z V E A A D B R L E S B E
G N T L I P Q E E K F M G H U Q S C L M E Y F K C E E V
S O T Z R L R V V K L V N C E R K E A A J P D C A N O A
W F L S H J J E J P I Q I R K S V I S L A N D A L T E F
H I E N C A O N D G F O V U U E W T K A W C A A P I X A
I S B H S L H T Q L E F I H R O F D F F P E O R E W P U
C R O B U U N R K A K N L C P Z E U B N K T Q M K O R S
H A O Q S R X U X Q I I X T J R U P H A Q I T A A W M R
M E K X E A G M E C I O V D U O L P Z T B H Q G T T M N
U L S L J I C P A K V W M D N R P K D K A W J E Y V P N
S P X P F H X E A E A N O Q M O V R S D M E F D L G L Q
T P V P O E Q T I N D E S M B M A L M O E G D D T U C M
N C S S Z A B S S O F W U K A G T G N B M Y J O R Q X L
X T V W F V X H A R Z E D Q O N T S S Y A T T N O J M C
E E L A P E Q S T H K W K N R D T D M I J W A Z H R F M
B F Q J T N A Q B T M N B E Y D V G H A B L K P S M P G
```

99

Christ's Second Coming

Then the sign of the Son of Man will appear in heaven, and then all the tribes of the earth will mourn, and they will see the Son of Man coming on the clouds of heaven with power and great glory.

Matthew 24:30

IN THE GLORY Matt. 16:27

OF HIS FATHER Matt. 16:27

WITH ANGELS Matt. 16:27

REWARD Matt. 16:27

EACH Matt. 16:27

WORKS Matt. 16:27

GREAT SOUND Matt. 34:31

TRUMPET Matt. 24:31

GATHER Matt. 24:31

ELECT Matt. 24:31

FOUR WINDS Matt. 24:31

DAY Matt. 24:36

HOUR Matt. 24:36

NO ONE KNOWS Matt. 24:36

NATIONS Matt. 25:32

BEFORE HIM Matt. 25:32

SEPARATE Matt. 25:32

SHEEP Matt. 25:32

GOATS Matt. 25:32

DESCEND 1 Thess. 4:16

SHOUT 1 Thess. 4:16

VOICE 1 Thess. 4:16

ARCHANGEL 1 Thess. 4:16

DEAD 1 Thess. 4:16

WILL RISE 1 Thess. 4:16

REMAIN 1 Thess. 4:17

CAUGHT UP 1 Thess. 4:17

CLOUDS Rev. 1:7

EVERY EYE Rev. 1:7

WILL SEE HIM Rev. 1:7

TRIBES Rev. 1:7

EARTH Rev. 1:7

MOURN Rev. 1:7

QUICKLY Rev. 3:11

AS A THIEF Rev. 16:15

```
I O E Z I W Q F A Q A Q E M M C V R G P X G K X B L R D
Y S E P A R A T E C T C J O K F K G E H F E I H T A S A
G K L H P W D Y N R L B B U F J R V T U O H S W P C L P
T E Q J F V Q G Y C U Q J R A E L W R X C A U G H T U P
X A A X G A Q B E R L D N N M N O E U K N X Z C S V D Y
S C E I D M P B M P Q A U U I R K I O L S J K L P R E J
Q H F Y E N G W D U T E V A K N I C H T D S E O Q E S M
P O E O E O U J C I V Z M S J R M S P V W G H U B W C Q
D L K J A Y A O O V D E G I R Z W R T F N X I D Y A E L
S H E E P Q R N S B R Y A Q S P T S T A W N R S F R N V
M E M L B V S E B T D E T C E D Q S H C T G F X C D D M
D R N Q V L L Y V C A U H D B V Q T P H E C E P H Z N N
K N W B Z S S H K E D E E X I U I L E R R L V X T R R E
Q P J E A L F R F N P Y R L R W T G C X J O E E K N Z C
U O I F X W C E H Q G R D G T R L Y I J I F X A D O F U
I N X O H E X W D H R G P C U O H D Q C E E I R G O N A
C N R R S D N I W R U O F M R U Y A E B I H P T G N E R
K U V E E S I R L L I W P Y P Z D H P K R Y V H P E K C
L P K H V U D F B Y V E Q G V D I E W Q U R K B I K X H
Y R D I U V O S X N T W O F H I S F A T H E R Q B N K A
I K F M S D T J G T X M I D A Y K M B D D E F Z U O Q N
E Q C I K A P H M I H E E S L L I W E C P T S Y S W R G
W R H E O M W K I A A W D K M K Z A U B N T I Q R S A E
U Y P G J S I H A R U D K W B V D W F U P C L Q E U R L
```

100

Jesus in Revelation

His head and hair were white like wool, as white as snow, and His eyes like a flame of fire; His feet were like fine brass, as if refined in a furnace, and His voice as the sound of many waters; He had in His right hand seven stars, out of His mouth went a sharp two-edged sword, and His countenance was like the sun shining in its strength.

Revelation 1:14–16

GARMENT Rev. 1:13

GOLDEN BAND Rev. 1:13

HAIR Rev. 1:14

WHITE AS SNOW Rev. 1:14

EYES Rev. 1:14

FLAME OF FIRE Rev. 1:14

FEET Rev. 1:15

FINE BRASS Rev. 1:15

VOICE Rev. 1:15

MANY WATERS Rev. 1:15

RIGHT HAND Rev. 1:16

SEVEN STARS Rev. 1:16

MOUTH Rev. 1:16

SHARP SWORD Rev. 1:16

COUNTENANCE Rev. 1:16

SUN SHINING Rev. 1:16

HE WHO LIVES Rev. 1:18

FOREVERMORE Rev. 1:18

KEYS Rev. 1:18

HADES AND DEATH Rev. 1:18

LAMB Rev. 5:6

SEVEN Rev. 5:6

HORNS Rev. 5:6

SPIRITS OF GOD Rev. 5:6

WORTHY Rev. 5:9

SLAIN Rev. 5:9

REDEEMED Rev. 5:9

WHITE HORSE Rev. 19:11

RIGHTEOUSNESS Rev. 19:11

JUDGES Rev. 19:11

MAKES WAR Rev. 19:11

MANY CROWNS Rev. 19:12

NAME WRITTEN Rev. 19:12

NO ONE KNEW Rev. 19:12

ROBE Rev. 19:13

DIPPED IN BLOOD Rev. 19:13

THE WORD OF GOD Rev. 19:13

ROD OF IRON Rev. 19:15

```
D L B M A L I P D E M E E D E R E W Q J E M A A L C K X
M E C J H J C O G K S R N H S X N D B R Q S E G D U J M
K E Y S H O R N S T M A K S G N S C I S K D G M C H Y V
M Y G K D J B V C F B H R D E J Q F U N E V E S Y D N M
A W J K S X D Y S N N E I U V O F N H Q L Y X H C O T K
N H W E Y G R X E A T P H L X O S J F Y I I T L O G W H
Y P Q I C Q I D M A P V V G E H L Z O C J R R J U F C T
C E G M T Z L E W E V O F M I F L D M F O S O P N O M A
R X N F U O W Y D S T U A N P W U C B W S L D T T S T E
O A S U G R N I R C J L I F B N O G X E L N O E E T H D
W H R E I A N A O J F N D Q N V P N N G S Q F E N I E D
N B I T M B T G W P G N M M L J S S S P S U I F A R W N
S K T D L S B X S K R I O N K Y U W D S L B R M N I O A
D E O O N F N T P N G U Z A Y O L Y Q Z A H O C C P R S
N U O E R X M Y R Y T P T N E M R A G P A E N K E S D E
X D V M N W R Q A H B K C T D C Y H U I N T T Y U E O D
B E B A O X Y R H N B H H E F F Y M R M N X T I W V F A
S U B K O Y O W S H V G U E R O M R E V E R O F H F G H
G H X E N Y Q T X N I D N A H T H G I R Q L F J D W O V
S F V S E L P R S R V N W C Y C B L B Q V S V B D V
E H F W K H R O Y G I I O Q M R F W H I T E H O R S E C
J Y A A N D F J L K A I N B W Q Q V C B R O B E B J Q G
U A E R E N P V X L C V S P K F R G S S A R B E N I F W
Y Z B S W N P I S E J Q I H E W H O L I V E S G I P A S
```

The New Jerusalem

Revelation 21:10–27

And he carried me away in the Spirit to a great and high mountain, and showed me the great city, the holy Jerusalem, descending out of heaven from God, having the glory of God. Her light was like a most precious stone, like a jasper stone, clear as crystal.

⊸ Revelation 21:10–11 ⊷

HIGH MOUNTAIN	APOSTLES	JACINTH
GREAT CITY	SQUARE	AMETHYST
HOLY JERUSALEM	PURE GOLD	PEARLS
GLORY OF GOD	CLEAR GLASS	STREET
JASPER	SAPPHIRE	TRANSPARENT
CRYSTAL	CHALCEDONY	LAMB
HIGH WALL	EMERALD	LIGHT
TWELVE	SARDONYX	TEMPLE
GATES	RUBY NIV	NO NEED
ANGELS	CHRYSOLITE	SUN OR MOON
NAMES	BERYL	NATIONS
TRIBES	TOPAZ	KINGS
FOUNDATIONS	TURQUOISE NIV	

```
J X D U R M M E L A S U R E J Y L O H C Z Q G M T R K E
P K U P R H G S N O I T A D N U O F J P N A Z K S G B T
R E S G U I I C Y N Z E L P M E T L Q S W P Y H W N K I
E N A S K Q X G Y T I B G T D R S D Z N R O N B B L K L
E I O R D H X J H Z R P C D R T K J U O E S J V U W I O
G H P N L L E N M W Y Q K Y R P D V I I L T J C V R L S
D D O Q E S G F X I A I S E S D K U Q T Z L F D N S D Y
S J K J S E Q L A V P L E Z K C N J S A R E L D E J G R
Y V F Q D T C P B T L H U X C Q S N S S Y B B M S H
Y N O D E C L A H C W R S A R D O N Y X D T I G I H V C
W E M E R A L D N I A T N U O M H G I H I R L L A V N T
Y D C T Z E T R S Q C Q Z K A X P D K C T H A B Y Q X J
Q Q I G S U R Z P Q P I L I G H T Z T B U I Z V M R L R
W N E A U J A X J L U S E R R L D A Z P J U M N W A E S
R S S C I Q N S L I W A C E A M E T H Y S T H Q C C L B
J L I L W O S E H O X U R J F R Q W J K S E T A G S C M
F Q O E L K P M Y U N V E E G I Q A I D Z S E L A U R H
O S U A T P A A J S L S U R J O C N R I N R R T N N Y H
D G Q R S Z R N H S D F R F Q I G F L J L M I M G O S D
R V R G T W E L V E G T C E N S F S P Q G X H C E R T E
G Y U L Q O N P E K V P B T P U R E G O L D P B L M A Q
N K T A K J T Q C H E V H F V S M H Q B A X P R S O L Z
P B A S J G L O R Y O F G O D G A C E F I Y A H S O U F
P W J S F F I D Z Y Z A P O T H B J C I B X S C N N R G
```

Beloved, **LET US LOVE** one **ANOTHER**, for love is of God; and **EVERYONE** who loves is **BORN** of God and **KNOWS** God. He who does not love **DOES NOT** know God, for God is love. In this the love of God was **MANIFESTED** toward us, that God has sent His **ONLY** begotten **SON** into the world, that we **MIGHT LIVE** through Him. In this is love, not that we loved God, but that He loved us and sent His Son to be the **PROPITIATION** for our sins. Beloved, if God so loved us, we also **OUGHT** to love one another.

No one has **SEEN** God at any **TIME**. If we love one another, God **ABIDES** in us, and His love has been **PERFECTED** in us. By this we know that we abide in Him, and He in us, because He has **GIVEN** us of His Spirit. And we have seen and **TESTIFY** that the Father has **SENT** the Son as **SAVIOR** of the world. Whoever **CONFESSES** that Jesus is the Son of God, God abides in him, and he in God. And we have known and **BELIEVED** the love that God has for us. God is love, and he who abides in love abides in God, and God in him.

Love has been perfected **AMONG** us in this: that we may have **BOLDNESS** in the day of **JUDGMENT**; because as He is, so are we in this world. There is **NO FEAR** in love; but perfect love **CASTS OUT** fear, because fear involves **TORMENT**. But he who fears has not been made perfect in love. We love Him **BECAUSE** He first loved us.

If someone says, "**I LOVE GOD**," and **HATES** his **BROTHER**, he is a **LIAR**; for he who does not love his brother whom he has seen, how can he love God whom he has not seen? And this **COMMANDMENT** we have from Him: that he who loves God **MUST** love his brother also.

```
I T N E M G D U J M U S T L B S U Z O S Q T H M S N I U
M Q D N T T M Y D H J D P Q T R O I V A S L R A Q B D N
Z R A P D L R H G L P W E V I L T H G I M S M F P J R Y
X O A N C A S T S O U T M N W D E R K L Z S W G Z R X M
K Q B O Q Q A J V M Y M L X L B D N C O Q C C E Y A Q E
C M I I X L Q E B M J I T U D O K T M V G W T E X E M A
S Y D T O J Z A X H A A B U E Q N S X E W G H V K F S M
P R E A I F R L L R D Z H S V S O J K G E C G E O O S O
F D S I P V H X M E D Y N R F B W V P O H N U R Q N E N
P F W T J B N C G W R O C G A Q S E P D F D O Y S B N G
G Q R I I C R T C B T N L Q E A R N E V I G W O Z E D M
N F J P C O E X T Y R C K S N F L H F J W C I N Q L L F
X D F O D N H W X G L G U O E Z N C N J I W G E I I O B
Q V Q R E F T L F W I A T C E D T O Q B N R D J C E B Q
R E H P T E O E M I C H T M N N S M M D Q S Y D C V J Y
U V M Y S S R T K E E E R Y E Z V Q Z H E T F W V E F C
Y R Q S E S B U B R D K V M S F V S A E E E R A X D E A
D Q I V F E G S W Q G N R O B R E T N K S S Z E O S H O
W Q N A I S K L L Q A O S D G N E C G H Y T P M Q R N D
I S Q Z N K L O H N T F X D T S M B R T C I K I E O R A
O R D Q A J Y V B E C Y V H R G E S Q R Q F M T C R G A
T B Q M M D F E Q D V O T O U N Z Q O J C Y M K O N L Y
H R Y O P B M O F W S V C V M I V N W M S L D L Z X T W
N X S S T S M R I X T N E M D N A M M O C A D Y N P R A
```

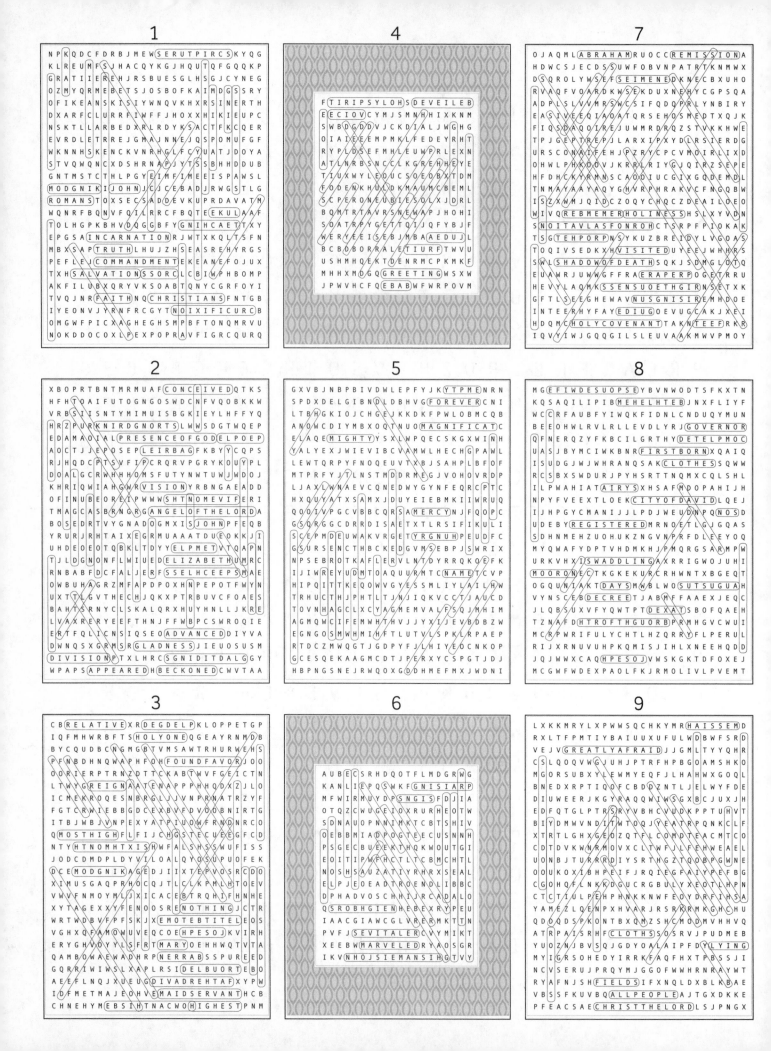

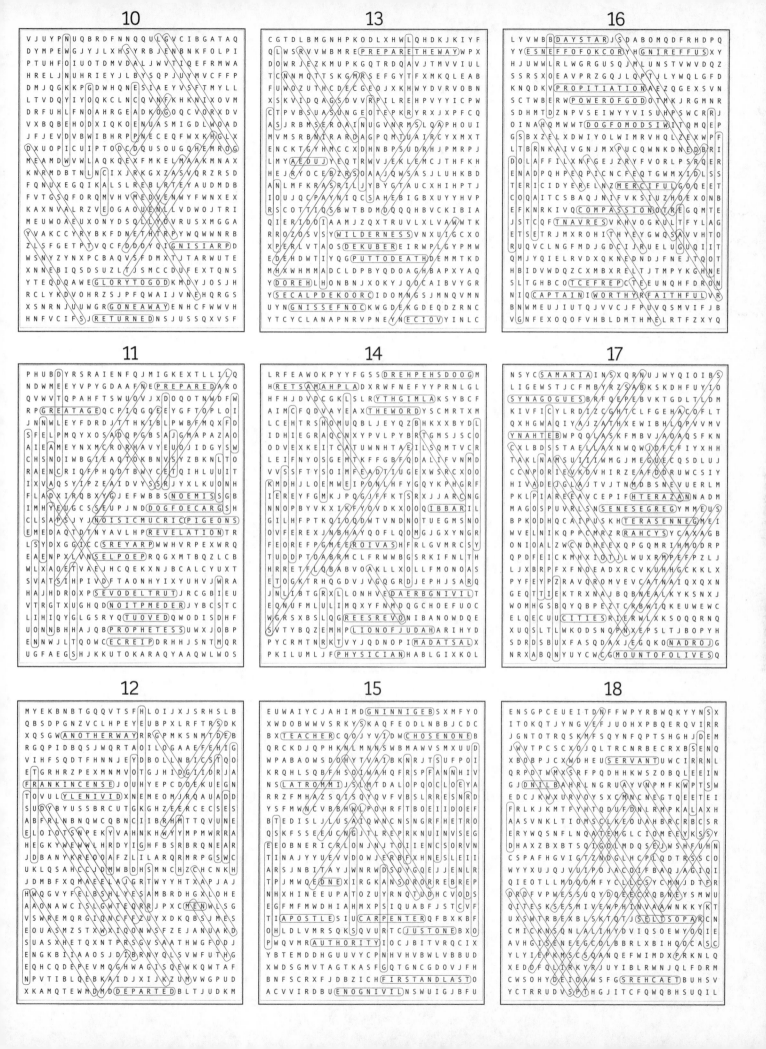

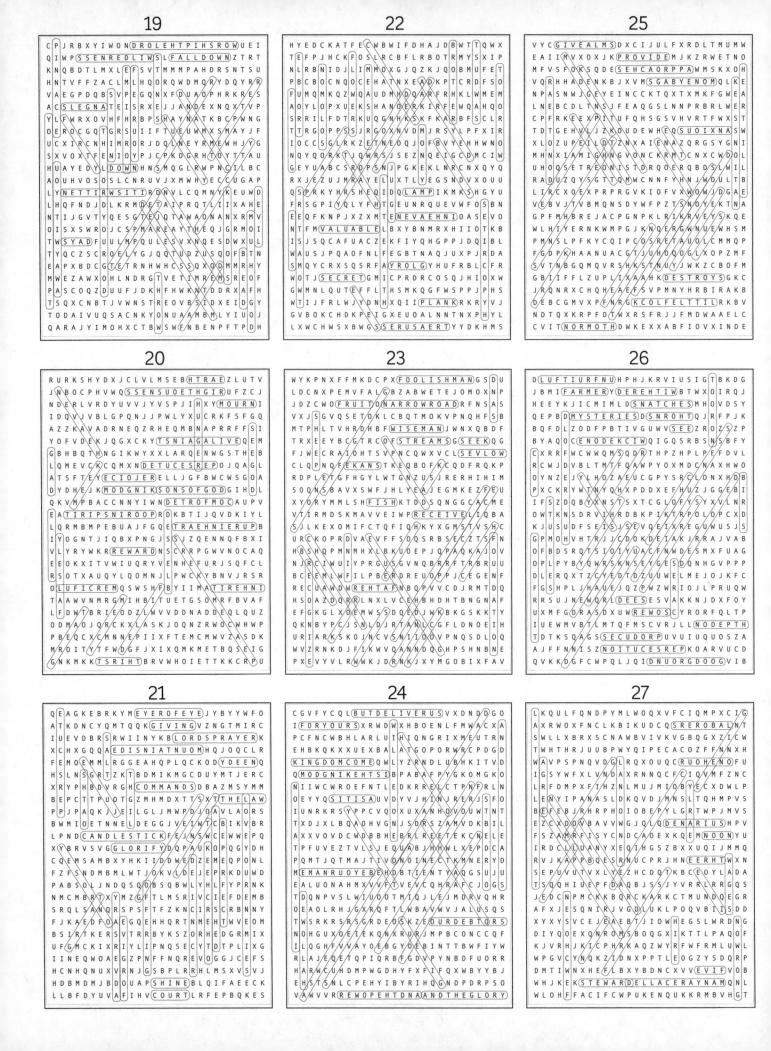

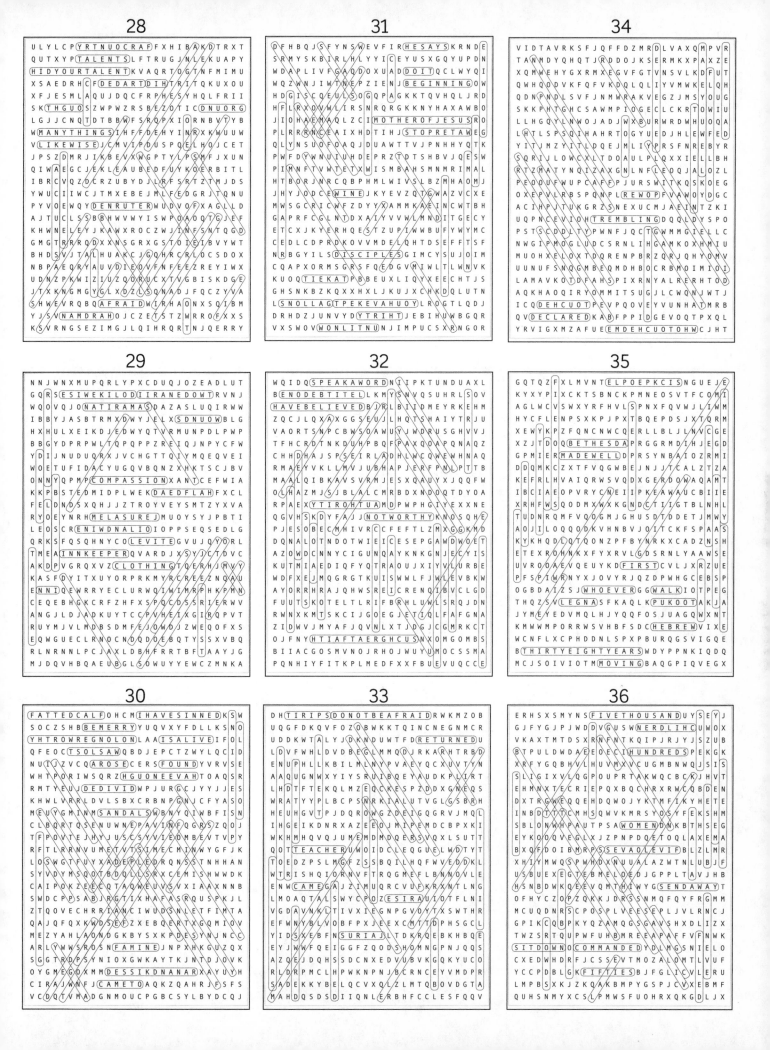

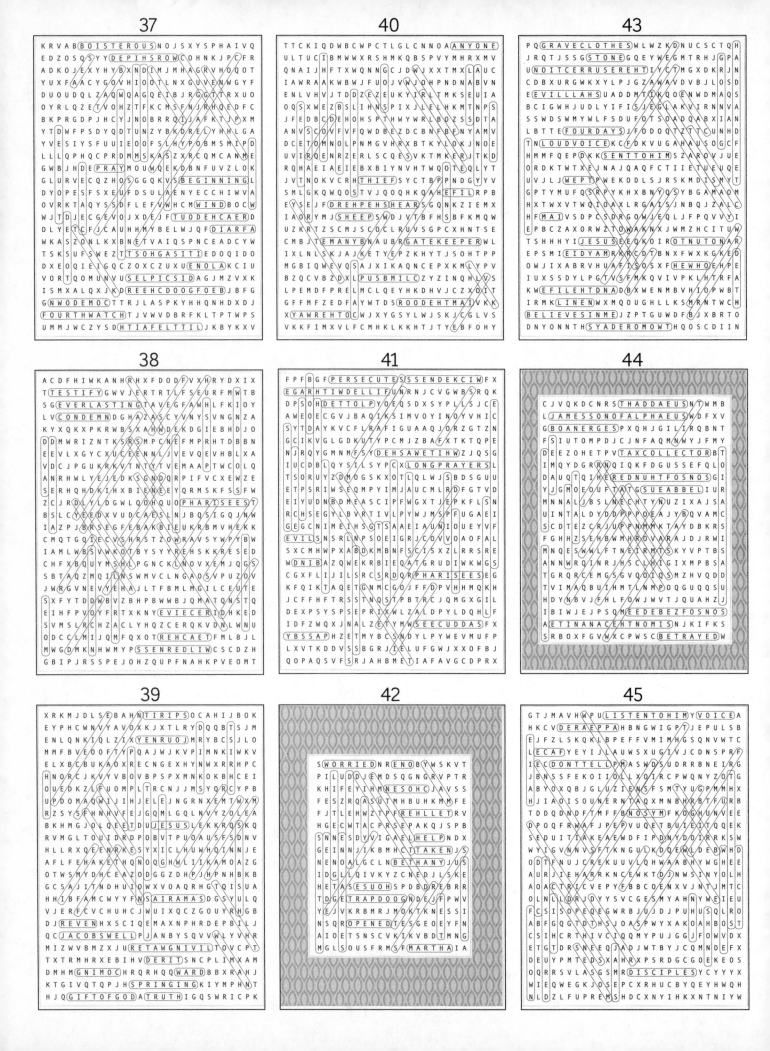

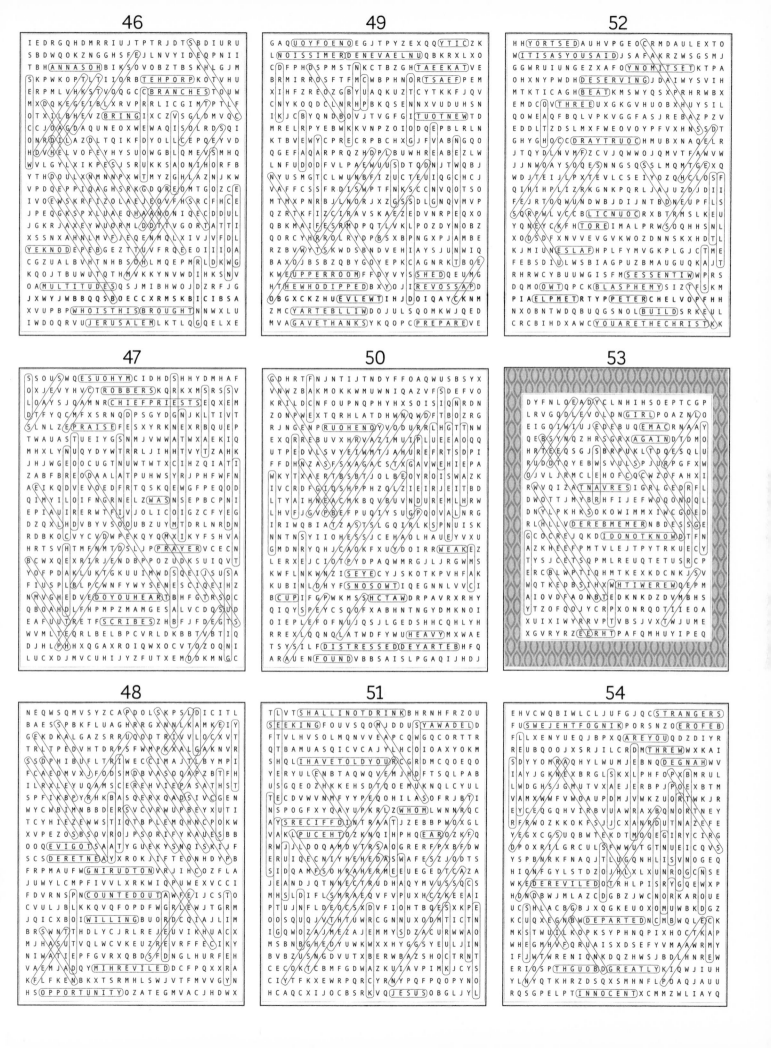

46   49   52

47   50   53

48   51   54

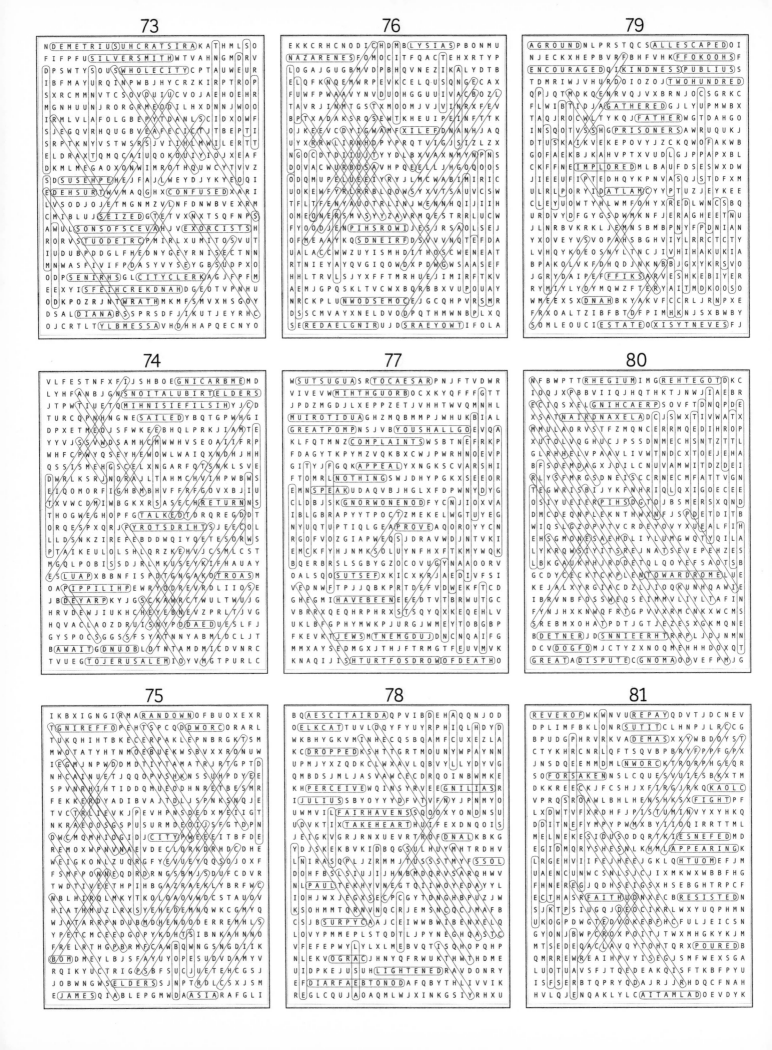

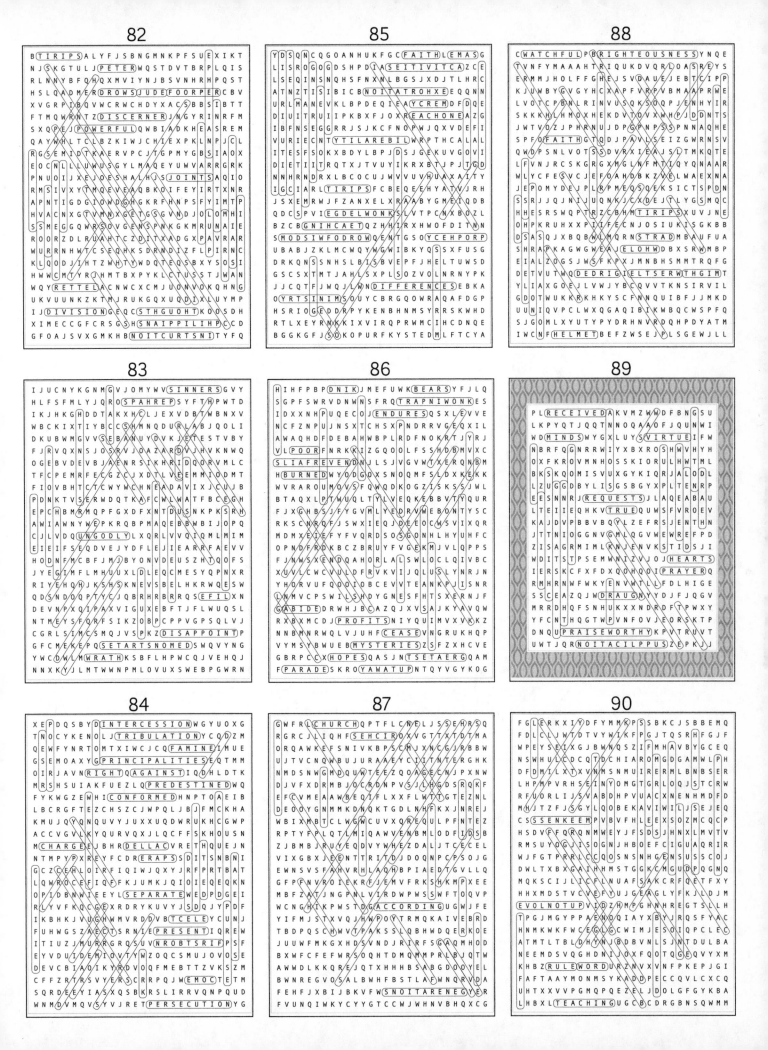

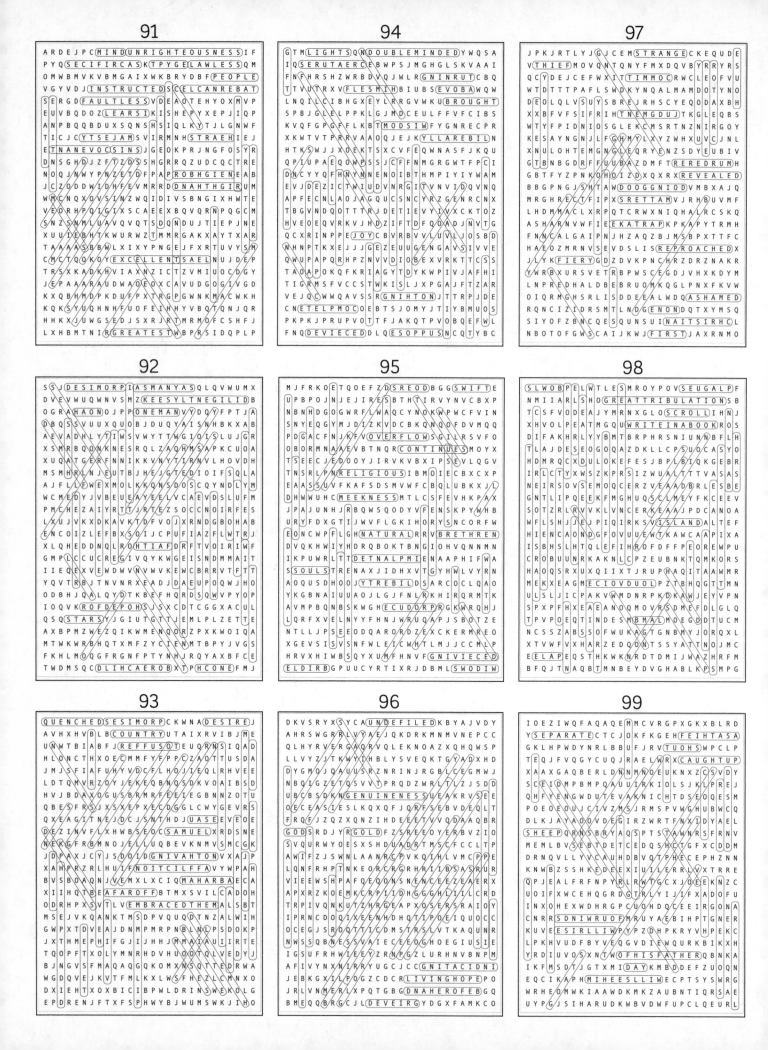

100

```
D L B M A L I P D E M E E D E R E W Q J E M A A L C K X
M E C J H J C O G K S R N H S X N D B R Q S E G D U J M
K E Y S H O R N S T M A K S G N S C I S K D G M C H Y V
M Y G K D J B V C F B H R D E J Q F U N E V E S Y D N M
A W J K S X D Y S N N E I U V O F N H Q L Y X H C O T K
N H W E Y G R X E A T P H L X O S J F Y I I T L O G W H
F P Q I C Q I D M A P V V G E H L Z O C J R R J U F C T
C E G M T Z L E W E V O F M I F L D M F O S O P N O M A
R X N F U O W Y D S T U A N P W U C B W S L D T T S T E
O A S U G R N I R C J L I F B N O G X E L N O E E T H D
W H R E I A N A O J F N D Q N V P N N G S Q F E N I E D
N B I T M B T G W P G N M M L J S S S P S U I F A R W N
S K T D L S B X S K R I O N K Y U W D S L B R M N I O A
D E O O N F N T P N G U Z A Y O L Y Q Z A H O C C P R S
N U O E R X M Y R Y T P T N E M R A G P A E N K S E D E
X D V M N W R Q A H B K C T D C Y H U I N T T Y U E O D
B E B A O X Y R H N B H H E F F Y M R M N X T I W V F A
S U B K O Y O W S H V G U E R O M R E V E R O F H F G H
G H X E N Y Q T X N I D N A H T H G I R Q L F J D W O V
S F V S E L P R S R V S N V W C Y C B L B Q V S V B D V
E H F W K H R O Y G I J I O Q M R F W H I T E H O R S E C
J Y A A N D F J L K A I N B W Q Q V C B R O B E B J Q G
U A E R E N P V X L C V S P K F R G S S A R B E N I F W
Y Z B S W N P I S E J Q I H E W H O L I V E S G I P A S
```

101

```
J X D U R M M E L A S U R E J Y L O H C Z Q G M T R K E
P K U P R H G S N O I T A D N U O F J P N A Z K S G B T
R E S G U I I C Y N Z E L P M E T L Q S W P Y H W N K I
E N A S K Q X G Y T I B G T R S D Z N R O N B B L K L
E I O R D H X J H Z R P C D R T K J U O E S J V U W I O
G H P N L L E N M W Y Q K R P D V I I L T J C V R L S
D D O Q E S G F X I A I S E S D K U Q T Z L F D N S D Y
S J K J S E Q L A V P L E Z K C N J S A R E L D E J G R
Y V F Q J N D T C P B T L H U X C Q S N S S Y B B M S H
Y N O D E C L A H C W R S A R D O N Y X D T I G I H V C
W E M E R A L D N I A T N U O M H G I H I R L L A V N T
Y D C T Z E T R S Q C Q Z K A X P D K C T H A B Y Q X J
Q Q I G S U R Z P Q P I L I G H T Z T B U I Z V M R L R
W N E A U J A X J L U S E R R L D A Z P J U M N W A E S
R S S C I Q N S L I W A C E A M E T H Y S T H Q C C L B
J L I L W O S E H O X U R J F R Q W J K S E T A G S C M
F Q O E L K P M Y U N V E E G I Q A I D Z S E L A U R H
O S U A T P A A J S L S U R J O C N R I N R R T N N Y H
D G Q R S Z R N H S D F R F G F L J L M I M G O S D
R V R G T W E L V E G T C E N S F S P Q G X H C E R T E
G Y U L Q O N P E K V P B T P U R E G O L D P B L M A Q
N K T A K J T Q C H E V H F V S M H Q B A X P R S O L Z
P B A S J G L O R Y O F G O D G A C E F I Y A H S O U F
P W J S F F I D Z Y Z A P O T H B J C I B X S C N N R G
```

Bonus

```
I T N E M G D U J M U S T L B S U Z O S Q T H M S N I U
M Q D N T T M Y D H J D P Q T R O I V A S L R A Q B D M
Z R A P D L R H G L P W E V I L T H G I M S M F P J R Y
X O A N C A S T S O U T M N W D E R K L Z S W G Z R X M
K Q B O Q Q A J V M Y M L X L B D N C O Q C C E Y A Q E
C M I I X L Q E B M J I T U D O K T M V G W T E X E M A
S Y D T O J Z A X H A B E Q N S X E W G H V C W F F S M
P R E A I F R L L R D T H S V S O J K G E C G E O O S O
F D S I P V H X M E D Y N R F B W V P O H N U R Q N E N
G Q R I I C R T C B T N L Q E A R N E V I G W O Z E D M
N F J P C O E X T Y R C K S N F L H F J W C I N Q L L F
X D F O D N H W X G L G U O E Z N C N J I W G E I I O B
Q V Q R E F T L F W I A T C E D T O Q B N R D J C E B Q
R E H P T E O E M I C H T M N N S M M D Q S Y D C V J Y
U V M Y S S R T K E E E R Y E Z V Q Z H E T E V X D F C
Y R Q S E S B U B R D K V M S F V S A E E E R A X D E A
D Q I V F E G S W Q G N R O B R E T N K S S Z E O S H O
W Q N A I S K L L Q A O S D N E C G H Y T P M Q R N D
I S Q Z N K L O H N T F X D T S M B R T C I K I E O R A
O R D Q A J Y V B E C Y V H R G E S Q R Q F M T C R G A
T B Q M M D F E Q D V O T O U N Z Q O J C Y M K O N L Y
H R Y O P B M O F W S V C V M I V N W M S L D L Z X T W
N X S S T S M R I X T N E M D N A M M O C A D Y N P R A
```